应急处置与安全自救

校内外学生用电安全管理与教育

江波 编著

吉林大学出版社

图书在版编目（CIP）数据

校内外学生用电安全管理与教育/江波编著 . —长春：吉林大学出版社，2012.10

（应急处置与安全自救/李智能主编）

ISBN 978 - 7 - 5601 - 9136 - 2

Ⅰ . ①校… Ⅱ . ①江… Ⅲ . ①安全用电—安全教育—中小学—课外读物 Ⅳ . ①G634. 203

中国版本图书馆 CIP 数据核字（2012）第 232977 号

书 名：校内外学生用电安全管理与教育

作 者：江波 编者

责任编辑：朱进 责任校对：崔小波 封面设计：刘玉艳

吉林大学出版社出版、发行 北京市联华宏凯印刷有限公司 印刷

开本：787×960 毫米 1/16 印张：11

字数：142 千字 2015 年 1 月第 1 版第 2 次印刷

ISBN 978 - 7 - 5601 - 9136 - 2 定价：29. 80 元

社址：长春市明德路 501 号 邮编：130021

发行部电话：0431 - 89580026/28/29

网址：http : //www. jlup. com. cn

E-mail : jlup@ mail. jlu. edu. cn

前　言

　　校园安全是指学生在校期间，由于某些偶然突发因素而导致的人为伤害事件。就其特点而言，责任人一般是因为疏忽大意或过失失职造成的，而不是因为故意而导致事故发生的。

　　校园安全工作是全社会安全工作的一个十分重要的组成部分，直接关系到青少年学生能否安全、健康地成长，更关系到千千万万个家庭的幸福安宁和社会稳定。

　　校外安全是指学生在校外期间，由于学生年幼无知和缺乏监护而导致的安全事故。学生校外安全是一个永远而沉重的话题，比如全国每年在暑假期间都有很多因为学生外出游泳溺水而亡的群体事件发生，还有触电、车祸、烧伤等事件发生，严重影响了青少年学生的生命安全。在我国，青少年学生意外伤害多数发生在学校和上学途中，而在不同年龄的青少年中，又以15至19岁意外伤害的死亡率最高。

　　校园内外学生的安全是我们每个师生、家长和社会十分关心的问题。广大学生作为特殊的群体，他们的健康成长与生命安全涉及千家万户，培养他们健康成长，保护他们生命安全，这是我们全社会的共同责任。据有关部门对中小学生安全问题的调查表明：中小学生中52.8%的认为比较安全，12.5%的认为自己不是很安全，还有34.7%的认为自己的安全状况"一般"。在调查是什么因素对中小学生安全影响最大时：有47.2%的认为"社会上的不良风气"影响最大，再依次是"学校周边的不良环境"占19.4%，"交通安全"占15.3%，"交友的不慎"占6.9%，"上经营性网吧"占2.8%，"其他"占8.4%。

可见，加强和保护中小学生校内外安全是一个系统工程，一是必须要做到广泛宣传，让全社会都来保护中小学生校内外安全和关心青少年犯罪问题，特别是学校要担负起重要责任；二是广大家长要正确关心、引导、管好孩子，要教育孩子随时注意自身安全；三是中小学生要加强校内外安全知识的学习，做到有备无患，增强人身预防和安全保护意识。

校园内外安全问题已成为社会各界关注的热点问题。保护好每一个孩子，使发生在他们身上的意外事故减少到最低限度，已成为中小学教育和管理的重要内容。特别是那些缺乏辨别能力、行为能力和避险能力的小学生，更应加强校内外安全的教育与呵护。我们应该深刻认识到：孩子们的安全比天大，成年人的责任比山重。

为此，我们在有关部门和专家指导下，特别编写了本套《应急处置与安全自救》，主要内容包括交通、用电、防火、运动、网络、黄秽、赌博、毒品、诈骗、盗窃、暴力、灾害、犯罪、疾病等安全问题的预防管理与教育培养，具有很强的系统性和实用性，是指导广大学生和学校进行安全知识管理与教育的良好读本，也是各级图书馆收藏和陈列的最佳版本。

目 录

第一单元 用电安全基本常识

注意安全

第二单元 电器安全基本常识

当心触电

第三单元　安全防护基本常识

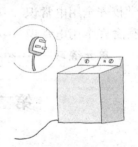

第四单元　安全自救基本常识

第五单元　学生使用电器注意事项

第六单元　学校安全用电常识

第七单元　安全用电主题活动

第一单元
用电安全基本常识

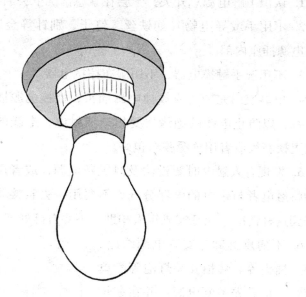

安全用电知识

在生活中，由于我们的不小心，可能会触及电源，由于电路故障也可能使你随时触电，而每个不小心和疏忽都威胁着我们的生命安全。所以我们在日常生活中要了解掌握一些用电知识。

1. 认识了解电源总开关，学会在紧急情况下关断总电源。

2. 不用手或导电物（如铁丝、钉子、别针等金属制品）去接触、探试电源插座内部。

3. 不用湿手触摸电器，不用湿布擦拭电器。

4. 电器使用完毕后应拔掉电源插头，插拔电源插头时不要用力拉拽电线，以防止电线的绝缘层受损造成触电，电线的绝缘皮剥落，要及时更换新线或者用绝缘胶布包好。

5. 发现有人触电时要设法及时关断电源，或者用干燥的木棍等绝缘物将触电者与带电的电器分开，不要用手去直接救人，年龄小的同学遇到这种情况，应呼喊成年人相助，不要自己处理，以防触电。

6. 不随意拆卸、安装电源线路、插座、插头等。哪怕安装灯泡等简单的事情，也要先关断电源，并在家长的指导下进行。

7. 离开教室前关掉所有电器电源。

8. 电源接线板电线不要与金属物接触。

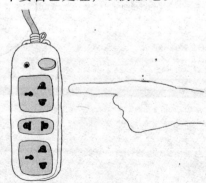

安全用电标志

　　明确统一的标志是保证用电安全的一项重要措施。统计表明，不少电气事故完全是由于标志不统一而造成的。例如由于导线的颜色不统一，误将相线接设备的机壳，而导致机壳带电，酿成触电伤亡事故。

　　标志分为颜色标志和图形标志。颜色标志常用来区分各种不同性质、不同用途的导线，或用来表示某处安全程度。图形标志一般用来告诫人们不要去接近有危险的场所。为保证安全用电，必须严格按有关标准使用颜色标志和图形标志。我国安全色标采用的标准，基本上与国际标准草案相同。一般采用的安全色有以下几种：

当心触电

注意安全

　　1. 红色：用来标志禁止、停止和消防，如信号灯、信号旗、机器上的紧急停机按钮等都是用红色来表示"禁止"的信息。

2. 黄色：用来标志注意危险。如"当心触电"、"注意安全"等。

3. 绿色：用来标志安全无事。如"在此工作"、"已接地"等。

4. 蓝色：用来标志强制执行，如"必须戴安全帽"等。

5. 黑色：用来标志图像、文字符号和警告标志的几何图形。

按照规定，为便于识别，防止误操作，确保运行和检修人员的安全，采用不同颜色来区别设备特征。如电气母线，A 相为黄色，B 相为绿色，C 相为红色，明敷的接地线涂为黑色。在二次系统中，交流电压回路用黄色，交流电流回路用绿色，信号和警告回路用白色。

家庭安全用电常识

1. 每个家庭必须具备一些必要的电工器具，如验电笔、螺丝刀、胶钳等，还必须具备适合家用电器使用的各种规格的保险丝具和保险丝。

2. 每户家用电表前必须装有总保险，电表后应装有总刀闸和漏电保护开关。

3. 任何情况下严禁用铜、铁丝代替保险丝。保险丝的大小一定要与用电容量匹配。

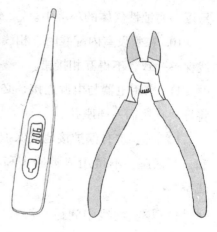

更换保险丝时要拔下瓷盒盖更换，不得直接在瓷盒内搭接保险丝，不得在带电情况下（未拉开刀闸）更换保险丝。

4. 烧断保险丝或漏电开关动作后，必须查明原因才能再合上开关电源。任何情况下不得用导线将保险短接或者压住漏电开关跳闸机构强行送电。

5. 购买家用电器时应认真查看产品说明书的技术参数（如频率、电压等）是否符合本地用电要求。要清楚耗电功率多少、家庭已有的供电能力是否满足要求，特别是配线容量、插头、插座、保险丝具、电表是否满足要求。

6. 当家用配电设备不能满足家用电器容量要求时，要更换改造，严禁凑合使用。否则超负荷运行会损坏电气设备，还可能引起电气火灾。

7. 购买家用电器还应了解其绝缘性能：是一般绝缘、加强绝缘还是双重绝缘。如果是靠接地作漏电保护的，则接地线必不可少。即使是加强绝缘或双重绝缘的电气设备，作保护接地或保护接零亦有好处。

8. 带有电动机类的家用电器（如电风扇等），还应了解耐热水平，是否长时间连续运行。要注意家用电器的散热条件。

9. 安装家用电器前应查看产品说明书对安装环境的要求，特别注意在可能的条件下，不要把家用电器安装在湿热、灰尘多或有易燃、易爆、腐蚀性气体的环境中。

10. 在敷设室内配线时，相线、零线应标志明晰，并与家用电器接线保持一致，不得互相接错。

11. 家用电器与电源连接，必须采用可开断的开关或插接头，禁止将导线直接插入插座孔。

12. 凡要求有保护接地或保护接零的家用电器，都应采用三脚插头和三眼插座，不得用双脚插头和双眼插座代用，造成接地（或接零）线空挡。

13. 家庭配线中间最好没有接头。必须有接头时应接触牢固并用绝缘胶布缠绕，或者用瓷接线盒。用电工胶布包扎接头。

14. 导线与开关、刀闸、保险盒、灯头等的连接应牢固可靠，接触良好。多胶软铜线接头应拢绞合后再放到接头螺丝垫片下，防止细股线散开碰另一接头

上造成短路。

15. 家庭配线不得直接敷设在易燃的建筑材料上面，如需在木料上布线必须使用瓷珠或瓷夹子，穿越木板必须使用瓷套管。不得使用易燃塑料和其他的易燃材料作为装饰用料。

16. 接地或接零线虽然正常时不带电，但断线后如遇漏电会使电器外壳带电；如遇短路，接地线亦通过大电流。为使其安全，接地（接零）线规格应不小于相导线，在其上不得装开关或保险丝，也不得有接头。

17. 接地线不得接在自来水管上（因为现在自来水管接头堵漏用的都是绝缘带，没有接地效果）；不得接在煤气管上（以防电火花引起煤气爆炸）；不得接在电话线的地线上（以防强电窜弱电）；也不得接在避雷线的引下线上（以防雷电时反击）。

18. 所有的开关、刀闸、保险盒都必须有盖。胶木盖板老化、残缺不全者必须更换。脏污受潮者必须停电擦抹干净后才能使用。

19. 电源线不要拖放在地面上，以防电源线绊人，并防止损坏绝缘。

20. 家用电器试用前应对照说明书，将所有开关、按钮都置于原始停机位置，然后按说明书要求的开停操作顺序操作。如果有运动部件如摇头风扇，应事先考虑足够的运动空间。

21. 家用电器通电后发现冒火花、冒烟或有烧焦味等异常情况时，应立即停机并切断电源，进行检查。

22. 移动家用电器时一定要切断电源，以防触电。

23. 发热电器周围必须远离易燃物料。电炉子、取暖炉、电熨斗等发热电器不得直接搁在木板上，以免引起火灾。

24. 禁止用湿手接触带电的开关，禁止用湿手拔、插电源插头，拔、插电源插头时手指不得接触触头的金属部分，也不能用湿手更换电气元件或灯泡。

25. 对于经常手拿使用的家用电器（如电吹风、电烙铁等），切忌将电线缠绕在手上使用。

26. 对于接触人体的家用电器，如电热毯、电油帽、电热足鞋等，使用前应通电试验检查，确无漏电后才接触人体。

27. 禁止用拖导线的方法来移动家用电器；禁止用拖导线的方法来拔插头。

28. 使用家用电器时，先插上不带电侧的插座，最后才合上刀闸或插上带电侧插座；停用家用电器则相反，先拉开带电侧刀闸或拔出带电侧插座，然后才拔出不带电侧的插座（如果需要拔出的话）。

29. 如遇紧急情况需要切断电源导线时，必须用绝缘电工钳或带绝缘手柄的刀具。

30. 抢救触电人员时，首先要断开电源或用木板、绝缘杆挑开电源线，千万不要用手直接拖拉触电人员，以免连环触电。

31. 家用电器除电冰箱这类电器外，都要随手关掉电源特别是电热类电器，要防止长时间发热造成火灾。

32. 严禁使用床开关。除电热毯外，不要把带电的电气设备引上床，靠近睡眠的人体。即使使用电热毯，如果没有必要整夜通电保暖，也建议发热后断电使用，以保安全。

33. 家用电器烧焦、冒烟、着火，必须立即断开电源，切不可用水或泡沫灭火器浇喷。

34. 对室内配线和电气设备要定期进行绝缘检查，发现破损要及时用电工胶布包缠。

35. 在雨季前或长时间不用又重新使用的家用电器，用 500 伏摇表测量其绝缘电阻应不低于 1 兆欧，方可认为绝缘良好，可正常使用。如无摇表，至少也应用验电笔经常检查有无漏电现象。

36. 对经常使用的家用电器，应保持其干燥和清洁，不要用汽油、酒精、肥皂水、去污粉等带腐蚀或导电的液体擦抹家用电器表面。

37. 家用电器损坏后要请专业人员送修理店修理，严禁非专业人员在带电情况下打开家用电器外壳。

夏季安全用电常识

夏季高温炎热，而此时家用电器使用频繁。高温季节，人出汗多，手经常是汗湿的，而汗是导电的，出汗的手与干手的电阻不一样。因此，在同样条件下，人出汗时触电的可能性和严重性均超过一般。所以，在夏季要特别注意。

不要用手去移动正在运转的家用电器，如台扇、洗衣机、电视机等。如需搬动，应关上开关，并拔去插头。

不要赤手赤脚去修理家中带电的线路或设备。如必须带电修理，应穿鞋并戴手套。

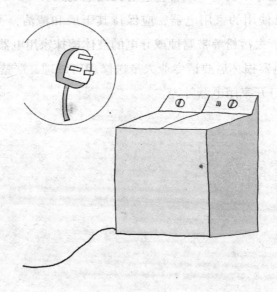

　　对夏季使用频繁的电器，如电淋浴器、台扇、洗衣机等，要采取一些实用的措施，防止触电。如经常用电笔测试金属外壳是否带电，加装触电保安器（漏电开关）等。

　　夏季雨水多，使用水也多，如不慎家中浸水，首先应切断电源，即把家中的总开关或熔丝断开，以防止正在使用的家用电器因浸水、绝缘损坏而发生事故。其次切断电源后，将可能浸水的家用电器，搬移到不浸水的地方，防止绝缘浸水受潮，影响今后使用。如果电器设备已浸水，绝缘受潮的可能性很大，在再次使用前，应对设备的绝缘用专用的摇表测试绝缘电阻。如达到规定要求，可以使用，否则要对绝缘进行干燥处理，直到绝缘良好为止。

当心触电

冬季安全用电常识

冬季天干物燥本就是个易失火的季节，不少家庭为了使家里温暖便用上了电暖气、浴霸、空调等功率高的电器，这样就容易出现用电安全问题。

一、用电看负荷

根据有关规定，居民所用电线每三年需检查一次。居民在使用电暖器、空调等采暖器前，尤应注意电器上标注的最大电流、电阻数值，并将家中所用电器的这些数值相加后与自

家电度表的电流标注值做比较，前者应小于后者才可放心使用，否则就会出现线路超负荷工作，导致用电危险情况的发生。如果是前者的数值大于后者，那就应该错时使用电器，以防发生不测。

二、电线莫压，插头常擦

在使用电器时，一定要注意一些小的细节，这样才能保证用电安全。电器的电线不要被重物压住，否则可能会造成电线折断或者绝缘外表破损，这样容易使电线短路或漏电；电器插头应常擦拭，否则就会在插头两极逐渐积满灰尘或产生铜绿，这样就增加了电阻进而易产

生火灾；家里的保险丝如果熔断千万不能以铜丝等高熔点金属丝替代，否则起不到保险作用；不能充电的电池干电池不能拿来充电，否则会有爆炸的危险；在插拔插头时要着力于插头，不要紧拉电线，否则会造成电线松动引起火灾。

三、如此情况应警觉

在出现用电事故前，电器一般都会出现以下的情况，人们应对此加以警觉，如电器马达过热、皮带机卡死空转、电暖器上覆盖湿物、电线老化有破损、屋内有长明灯等。

学校安全用电常识

1. 放学后值日生要切断教室电源。

2. 有住宿生的学校要严禁学生私自在寝室使用电炉，安装床上灯，接装使用交流电的录音机等自备电器。遇到电路故障，发生断电情况，学生要报告老师请电工处理，不要自作主张去寻找配电板，进行线路维修。

3. 打扫卫生要注意安全和保护电器。切忌用湿布去擦电线和日光灯管、电扇上的灰尘，如果有必要进行彻底清扫也要在切断电源的情况下进行。

4. 室外架有电缆、电线的地方，不要在下面放风筝和进行球类活动，不要高抛物体，否则不小心碰着电缆，便会发生事故。

宿舍安全用电常识

1. 使用安全电器，应到正规商店购买电源插座、台灯，认准安全标志、出厂证明和检验合格证。

2. 不私自改装电源线路和私接电源。

3. 不使用热得快、电热杯、电水壶、电热毯等危险电器；及时制止或举报其他同学使用类似威胁大家安全的电器。

4. 离开寝室前要拔掉所有电器电源插头。室内无人时，不准使用电器，插座不能处于连接状态。

5. 寝室内坚决不点蜡烛、酒精和其他明火。

6. 不准在寝室内，尤其是在床上吸烟。

◀ 单元练习 ▶

一、填空题

1. 电源接线板电线不要与（　　）接触。

2. 安全用电标志可分为（　　）和（　　）。

3. 家用电器与电源连接，必须采用可开断的开关或插接头，禁止将导线（　　）插座孔。

4. 家里的保险丝如果熔断千万不能以（　　）替代，否则起不到保险作用；不能充电的电池干电池不能拿来充电，否则会有（　　）危险。

5. 打扫卫生要注意安全和（　　），电扇上的灰尘，如果有必要进行彻底清扫也要在（　　）的情况下进行。

二、问答题

1. 安全用电知识有哪些？

2. 了解安全用电标志。

3. 夏季安全用电常识有哪些？

4. 宿舍安全用电包括哪几点？

第二单元
电器安全基本常识

学会电器的安全使用

电摸不着，看不见，时刻威胁着人们的安全，特别是小朋友们的安全。因为小朋友们还比较小，对有关电方面的知识并不太懂，比较容易发生危险。所以小朋友们要小心家中的电器，不要随便乱摸、乱碰。要多跟爸爸妈妈和老师们学习些防电知识，树立安全意识，保证自己的安全。

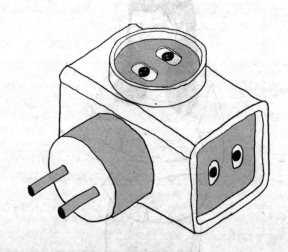

因此，必须学会电器的安全使用。

1. 认识和了解电源总开关，学会在紧急情况下关掉总电源。如果出现危险情况，自己不知道该怎样做时千万不要紧张，要镇静地想想自己以前学过的常识。

2. 不用手或导电物（如铁丝、钉子等金属制品）去接触、探视电

源插座内部。这样做很容易触电，会严重伤到自己甚至是死亡。

3. 不用湿手触摸电器，不用湿布擦拭电器。要知道这是很危险的，这样做很容易触电。

4. 电器使用完毕后应拔掉电源插头，插、拔电源插头时不要用力拽电线，以防电线漏电伤到自己。若电线的绝缘皮剥落，要及时更换新线或用绝缘胶布包好，注意不要触摸，保证自己的安全。

5. 不得随意拆卸、安装电源线路、插座、插头等，防止危险事故的发生。

6. 如果发生了比较危险的事情，想不起应该怎样做时千万不要慌张，要及时向爸爸妈妈求救，让他们帮助你渡过危险。

安全使用电器常识

如今，电视机、电冰箱、洗衣机、电熨斗、吹风机、电风扇等家用电器越来越多地进入了家庭。使用家用电器时，除了应该注意安全用电问题以外，还要注意以下几点：

1. 各种家用电器用途不同，使用方法也不同，有的比较复杂。一般的家用电器应当在家长的指导下学习使用，对危险性较大的电器则不要自己独自使用。

2. 使用中发现电器有冒烟、冒火花、发出焦煳的异味等情况，应立即关掉电源开关，停止使用。

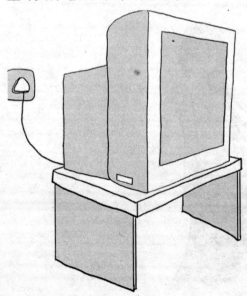

3. 电吹风机、电饭锅、电熨斗、电暖器等电器在使用中会发出高热，应注意将它们远离纸张、棉布等易燃物品，防止发生火灾；同时，使用时要注意避免烫伤。

4. 要避免在潮湿的环境（如浴室）下使用电器，更不能使电器淋湿、受潮，这样不仅会损坏电器，还会发生触电危险。

5. 电风扇的扇叶、洗衣

机的脱水筒等在工作时是高速旋转的，不能用手或者其他物品去触摸，以防止受伤。

6. 遇到雷雨天气，要停止使用电视机，并拔下室外天线插头，防止遭受雷击。

7. 电器长期搁置不用，容易受潮、受腐蚀而损坏，重新使用前需要认真检查。

8. 购买家用电器时，要选择质量可靠的合格产品。

各种电器的安全使用

家里如果有一个好动的小孩，有时候厨房中主要的电气用品可能构成家长头痛的主要来源。

一、电冰箱

冰箱的门：若猛地关上，可能会夹住小孩的手指。

冰箱内装有饮料或果汁的玻璃器皿：若匆忙之间没抓稳，容易打破而泼洒一地。

冰箱内存放的维生素或口红：是否放在小孩拿不到的架子上。

没有使用的冰箱或冷冻库：锁起来或干脆把门取下，你的小孩才不至于被反关在里面。

二、洗碗机

不要让小孩碰到洗碗机的洗洁精，万一不慎吞下，将会有伤害。检查洗碗机的绝缘性能，并确保碗盘烘干期间，小孩无法打开门。

三、洗衣机和烘干机

同样的，确定小孩不能随意转动开关控制，要注意门的开关，以防夹住小孩手指。

四、微波炉

最好把微波炉固定在较高的位置，确定小孩无法够得着。

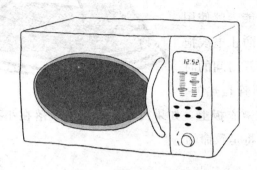

五、电饭煲

不管你拥有的是立式电饭煲，还是带有一个单独的铁架子，还是电饭煲与铁架子是结合在一起的，需要注意的是，以防止小孩被烫伤或烧伤为主，这不管是由于接触热底盘、火炉，还是由于将平底锅从电饭煲中抽下来时造成的。

购买一套炊具防护装置，这在大多数妈妈护理中心或五金商店都可以买到。这些装置的设计通常都适合大多数炊具，使得炊具不容易被抽掉，或是不让孩子的小手指接触热盘片或煤气炉。

六、电茶壶

避免将任何电器的导线摇摆在工作面的上方。这类东西会特别吸引那些刚学会走路的小孩。每年，由于电茶壶造成的意外事故使很多小孩严重烫伤，这使得孩子产生了对电茶壶的畏惧。你最好将电茶壶放在工作面的背后，不要将导线奔拉在边缘。可能的情况下，尽量使

用卷筒电线。

七、熨斗

热烫的熨斗是一个真正的危险。如果可能，就使用电线固定托架，防止电线拖拉。禁止在你离开房间的时候，将熨斗（不管是热的，还是凉的）放在熨衣板上。如果熨斗的锋利尖端落在小孩还不结实的脑袋上，其伤害将是致命的。

电热毯的安全使用

　　分清类型是首要。电热毯可分为三类：一是普通型电热毯。采用220伏供电，依靠开关的插拔来实现电热毯通电发热与断电降温。结构简单，但控制温度不方便。二是简单调温型电热毯。其采用一个简单的调阻开关来控制电源的通断，达到控温目的。市场上有由PTC元件构成温控器的恒温电热毯，其结构更简单，成本更低，但性能还不稳定。三是安全型电热毯。是指使用29伏以下工作电压的电热毯，利用变压器将220伏的交流电变成安全电压。

　　购买电热毯的时候，首先，要检查一下有没有合格证，千万不要贪图便宜，够买非正规厂家的产品。其次，还要检查一下它的做工是不是很精细，尤其要仔细地看一下电线接头的地方连接得好不好。如果条件允许的话，你还要做一下通电检查。新购的电热毯，要严格按照产品使用说明书进行操作，确保电热毯的额定电压与其所使用的现行电压相符。千万不要把36伏的低压电热毯接到220伏的电压线口上。第一次使用电热毯或者长期搁置后再次使用的时候，要先通电1个小时，检查是否有漏电

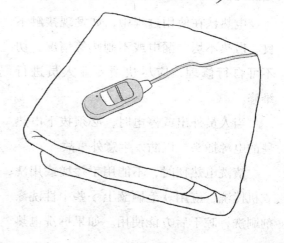

现象，电热毯发热是否均匀，以此来判断电热毯性能是否良好，确保安全后再行使用。有些家庭喜欢在沙发、钢丝床上使用电热毯，在这里，我们特别提醒你，这种地方只能使用折叠型的电热毯。通常在市场上出售的都是直线型电热毯，这种电热毯只适合在比较硬的床上使用。

电热毯在使用时必须平铺，绝不能蜷曲或折叠，以防增大电热毯的热效应，导致电热毯因散热或接触不良而引起燃烧。为了使电热毯能保持良好的散热性能，既不能在电热毯上面加盖厚物，也不能在电热毯下面垫塑料布，以防身体排出的水分不能顺利蒸发而在塑料布上凝结成水珠，破坏电热毯的绝缘性能。另外，你也不要贪图热得快，在电热毯上只铺一层床单，因为睡觉时身体揉搓，会使电热毯堆集打褶，导致局部过热或电线损坏，引发意外。

当电热毯接通电源，温度达到30℃时，应将调温开关由高温挡拨至低温挡或关闭电源开关，切忌使其在高温挡上长时间工作，以防温度持续升高，引起电热毯的棉布炭化燃烧而引起火灾。

孩子在使用电热毯时，应有专人照料，当温度适宜时，即可拔掉或关闭电源，尿床婴儿和大小便失禁的病人均不可使用电热毯，否则电热毯被浸湿后极易发生触电事故。

电热毯在使用过程中，如发现接触不良、散热不均、漏电或不制热等情况，切不可自行修理，应尽快请专业人员进行维修。

当人员外出或停电时，必须拔下电热毯的电源插头，以防发生意外事故。

清洗电热毯时，不能用手揉搓或用洗衣机搅洗，应用软毛刷蘸上一些中性洗涤剂刷洗，晾干后方能使用。如果拆洗电热

安全用电

毯，应先将电热丝取出。最好的处理方法是，在电热毯外罩一层布，脏时清洗布套即可。

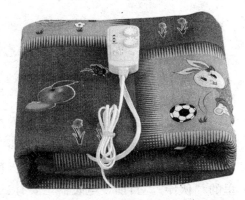

电热毯的使用期限不应大于10年，凡是超过使用期限的电热毯，应当更换，防止发生漏电伤人火灾事故。

在使用电热毯时，如万一起火，不要惊慌失措，有条件的家庭可直接用干粉、二氧化碳等灭火器灭火；或者是先断掉电源，然后再用水灭火。切不可在未切断电源的情况下就用水灭火，以防造成人员触电事故。

电热毯漏电的原因及修理：

电热毯发生漏电的原因，一是受潮严重，二是绝缘层老化或破损。对于受潮，可晾晒或在不使用的情况下通电加热。

对于后者，如果是因外界原因造成绝缘层个别地方破损或老化，可以进行局部修补，包上新的绝缘胶布、胶带；如果因使用年久整个绝缘层老化或破损，必须报废，购买新的电热毯，以保安全。

电暖气的安全使用

电暖器是一种将电能转换为热能的家庭冬季取暖用具，具有升温快、使用方便、无污染、无噪声、灵活性大等特点，被人们称为冬天里的"伙伴"。目前，电暖器主要有三类：

1. 电热油汀取暖器。这种取暖器又叫"充油电暖器"，它是一种油散式的取暖器，主要由密封式的电热元件、金属散热管等组成。内充有变压器油或其他惰性油。工作时，电热管周围的变压器油被加热，然后沿散热管道循环，通过管壁的表面将热量散发出去，加热空间环境。

这种取暖器安全、卫生、无烟、无尘、无味，密封性和绝缘性较好，缺点是启动缓慢，较费电。从安全方面考虑，卧室或浴室宜选用这种取暖器。

2. 石英取暖器。这种取暖器又叫"红外线取暖器"，是市场上最为多见的一种取暖器。它是通过电热丝加热后，经石英管激发远红外光产生热量的。款式有长管、短管、立式、卧式等几种，具有定时、转体等功能。

这种取暖器的优点是式样小

巧、升温较快、散热均匀、防水、防爆。不足之处是它利用辐射方式取暖，故传热距离近，电热丝使用日久易变形；石英管较娇贵，移动不慎易破裂。适合使用这种电暖器的地方是客厅、小型会议室等。

3. 对流式取暖器。这种取暖器又叫"暖风机"，它是由电热管、送风机等组成，是一种以自然对流加热为热交流形式的取暖器。它的罩壳有两个气口，上方一个为出气口，下方一个为进气口，壳体内装有两根导热管。

通电后，电热管周围的空气从下方的进气口补充，如此反复循环，使室内温度升高。这种取暖器绝缘性能好，运行时无噪音。客厅、餐厅、较大的房间等宜选用这种取暖器。

漏电故障原因及排除

冰箱漏电，大多是由于冰箱使用时间较长，导致零部件老化或损坏，以及冰箱内的凝露形成回路所致，除此以外，冰箱在搬运中因震动造成元器件相碰、导线绝缘层破损等也可能引起漏电。现分别浅析如下。

一、压缩机漏电

压缩机漏电的故障一般是由于冰箱使用时间较长，使得电机绕组绝缘层老化脱落，而造成漏电。

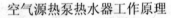

空气源热泵热水器工作原理

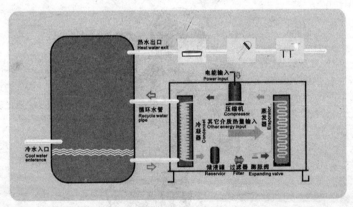

检修时，可用 500V/500MΩ 兆欧表测绕组与机壳间的阻值，正常时应大于 2 兆欧。若为 0 欧姆，应立即打开机壳检查。重点检查绕组引线绝缘层是否破损，导致钢线裸露，与机壳接触而产生漏电。若存在上述现象可用聚酯薄膜将破损处包扎，以免与机壳直接摩擦。若查得漆包线的绝缘层脱落，则应取下重新浸漆或更换电机。

二、温控器漏电

温控器漏电的现象为：当人手接触箱体时有麻电感，但压缩机运行及箱内降温均正常，测冰箱与"地"间的电压较高（大于36V甚至接近市电电压），若用500伏兆欧表分别测压缩机绕组和电机控制线路、冰箱照明线路之间绝缘电阻均在2兆欧以上，则说明温控器漏电。因多数冰箱的温控器都安装在内壁上，箱内温度变化会使温控器周围结露。

当冷凝水流入温控器时，温控器电触点与箱体间电阻值下降便造成箱体带电。排除的方法是定时化霜，经常擦除冰箱内的积水，防止冷凝水流入温控器。同时，要注意经常清洁温控器胶木架及周围的污物，因污物吸潮后也会产生漏电。如果温控器绝缘不良，则应更换。

三、防潮导线漏电

防潮导线漏电的故障一般在使用年限较久的冰箱中较为常见，表现为接通电源后，启动过载保护继电器频繁通断，压缩机不能启动，箱体带电，人手接触时有麻电感。测电源电压正常，用万用表 R×1 挡测压缩机各绕组直流电阻也正常，各绕组对地无明显短路现象。检查温度控制电路和照明电路均无明显异常，此时便可判断为防潮导线老化或绝缘层破损漏电。

首先断开导线所接电路，测量导线两芯线之间的阻值在1兆欧以下（正常应为无穷大），说明其绝缘电阻低，在凝露等外界因素影响下产生漏电，压缩机不能正常运转，保护继电器反复启停。此时可用绝缘套管将防潮导线套好，最好是拆除旧线，换上橡胶绝缘的新线。

四、接插件松动，造成接地不良而漏电

若发现箱体有麻电感，但用兆欧表测量压缩机绕组与机壳之间绝

缘电阻大于2.5兆欧，在排除以上故障前提下，此种情况说明电路与箱体金属间的绝缘正常，估计故障部位在电源插座，例如插座地线片变形、松动，致使冰箱金属壳未真正接地而造成漏电。出现这种情况后，只需修复插座地线片，使其接触良好即可。

五、感应漏电

冰箱启动后，若箱内降温及控制部件均正常，但用手接触箱体时有麻电感觉，说明冰箱存在感应漏电。若用测电笔检查氖泡发亮，说明冰箱存在较严重的感应漏电。

其原因一般是：由于冰箱压缩机的控制线路和冰箱内照明线路均从箱体外壳和内壁之间穿过，若其导线绝缘老化，冰箱无可靠的接地线，当人手触及箱体时，就会产生麻电感。排除方法是将冰箱金属外壳可靠接地，注意不能将冰箱接地线接于煤气管或自来水管上。

空调器漏电原因

1. 火线零线接错。

2. 零线地线接错。

3. 没有接地线。

4. 电源线固定卡将电源线挤伤。

5. 用户的电源线有误。

6. 电控盒金属盖板将电源线压伤。

7. 使用了不符合要求的电源线。

8. 穿墙洞时伤了电源线。

9. 电源线及接线座严重受潮。

10. 空调器内部布线有挤伤。

11. 老鼠咬伤电源线。

12. 使用了不符合要求的漏电保护器或接线不正确。

洗衣机漏电原因

1. 洗衣机是在潮湿的条件下工作的，一旦洗衣机内部电器件或接线受损或被水浸湿，洗衣机绝缘就会受到破坏，从而导致漏电，此外静电与感应电也时常出现。因此，一旦发现带电现象，应停机检查。

2. 桶内液体带电。这多是波轮轮轴和带电部位相连通引起的，应重点检查桶下电器件的绝缘情况和漏水现象，直到排除故障为止。

3. 壳体带电。壳体带电应检查电源线是否存在外皮破损、铜线裸露，查出漏电部位后应用绝缘胶布包好。有的是电容器本身损坏，则应更换电容器。

4. 电磁感应现象引起感应电。这时，即使洗衣机绝缘很好，用测电笔也能测出辉光现象。通常感应电能量较小，不会对人身安全造成危害，消除感应电方法如下：一是将洗衣机地线接好；二是对调电源接地线孔，将原来的插入地线孔的插片改插火线孔。

5. 静电是洗衣机强静电感应的结果，能量较大，严重者会给人以强烈电击，消除静电有两种方法，其一更换皮带或皮带轮；其二将皮带在清水中浸泡2小时左右，取出来擦干水分，重新装上即可。

电熨斗漏电原因

电熨斗不发热和漏电是常见的两种故障。电熨斗不发热说明电路不通。造成电路不通的原因有三种：一是保险丝熔断；二是电源线折断；三是与接线柱接触不良。如果仍查不出毛病，应拆下熨斗芯检查。

熨斗芯装在底板和压铁中间，将固定螺丝拧下，即可看到由云母片和电热丝构成的熨斗芯。云母片是绝缘层，极薄易碎，揭时应特别小心，然后观察电热丝，找到断头后，用尖口钳将断头重新拧绞牢固，钳去多出的绞头（绞头切不可碰触底板或压铁，以免发生漏电），按原状装好，通电试验。

造成电熨斗漏电原因，一般是熨斗芯的绝缘层母云片老化脆裂，使电热线碰触底板或压铁，这要更换云母片。另外，可能是电热管的引出端的接头螺丝碰触底板或压铁，可更换或调整瓷套管。熨斗芯的引出端与接线柱之间的连接碰壳也可造成漏电，此时可将电源线重新接好。如电源线陈旧破皮，应重换一根电源线。

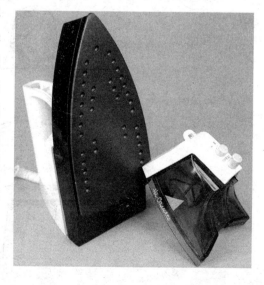

使用多年的电熨斗，往往会出现漏电事故。其漏电原因

因其所用发热元件而不同，下面就云母骨架发热元件的漏电故障分析一下其原因所在。

1. 云母骨架发热元件的接线铜带与外壳后端间较小，装配时熨斗芯的铜带往往处于弯曲状态，时间长了因变形而漏电。

2. 云母骨架发热元件有部分云母片碎裂或位置偏移，使电热丝与底板之间的距离减小，造成漏电。

3. 绝缘材料老化，因绝缘电阻下降引起漏电。

检修方法：小心地拆开电熨斗外壳，找出故障原因。属碰壳引起的漏电，用小块云母片进行隔离和加强绝缘；对吸潮造成的漏电，可连续通电 10 分钟，漏电现象即可消失。

而对于绝缘材料老化，绝缘电阻下降引起的漏电，可用兆欧表检查，如稍加热后绝缘电阻小于 0.5 兆欧，则应调换发热芯，或将其拆开垫入厚度 0.1～0.15 毫米的新云母片。对于一些老式电熨斗还需要检查插头和外壳的绝缘电阻，将云母垫圈换成陶瓷垫圈。查出故障原因是绝缘材料老化，绝缘电阻下降引起漏电，更换新发热芯后，故障排除。

电饭锅漏电原因及处理

1. 电热板中的电热元件或按键开关受潮。通电加热 10 分钟后漏电现象即可消除。

2. 电热元件封口材料久用变质，也会出现漏电。可把变质的封口材料仔细清除干净，并通电 4 ~ 5 分钟，把内部潮气烘干，然后用硅橡胶重新封好，待硅橡胶固化后即可使用。

3. 内部电路的连接导线绝缘层破坏并和外壳、电热板等相碰。更换绝缘导线后故障就会排除。组合开关绝缘物被击穿或烧坏。应更换新的组合开关。

电炒锅、电火锅漏电原因

1. 先将电源线的一端与电炒锅的插座插配好，另一端接通电源。

2. 将温度控制旋钮调节到所需位置。最初使用时，一般先调至较低温度，看火候是否合适，再调之。

3. 不要用湿手拿全金属的锅铲（最好是木柄或塑料柄），更不要一只手拿锅铲炒菜，而另一手去开启水龙头，一旦电炒锅漏电，可能造成触电伤亡事故。

4. 电炒锅和电源插销要经常保持清洁，切勿将电炒锅和电源插销浸入水中或用水冲洗，以免造成漏电。

5. 使用中或刚用完一段时间，切勿用手触摸内锅部分。因为内锅还处于高温状态，容易烧伤。

6. 使用完毕，应拔下电源插头，切断电源。电炒锅应放在干燥的地方使用和保存，不能放在有腐蚀性气体的或过度潮湿的地方，以免损坏电气绝缘。

7. 劣质的电炒锅，无商标，无厂名，外层粗糙，涂层不均匀，有凹凸。锅盖和锅体不吻合，锅把手轻、手感不舒服。锅体表面有痕迹。电气绝缘性能差，有漏电现象。通电后，不发热，温度失调，自动恒温装置失灵，指示灯不亮，各类开关旋钮不灵活。

电炒锅的漏电原因

电炒锅出现漏电现象时，有以下几种原因：

1. 插头、插座、开关、恒温器、电热插销等的绝缘有损坏之处。应用绝缘胶布包好，损坏严重时应予以更换。

2. 电源线外皮破损。如是可用胶布包好。

3. 电热管封口材料因过热导致绝缘损坏。应用相同材料重新封口或更换新元件。

4. 电热器中的云母片脱落或损坏，导致电热线碰到外壳形成漏电。此时应更换云母片，并将电热丝重新包好。

5. 电热管或电热插销受潮。应进行干燥处理后方能使用。

电火锅漏电的排除

电火锅漏电的主要原因是绝缘物的损坏和电热丝脱槽与外壳接触产生的。所谓绝缘物损坏，是指导线的绝缘外皮的破损，插头、插座、开关等处的绝缘物裂口裸露等情况。

绝缘物损坏，发现后要立即进行修补；如果损坏得比较严重，则需要更换新的绝缘物。

发现电热丝脱槽，可以取出电热丝座，将脱槽的电热丝再压入槽中。具体做法是：将电热丝拐弯处的磁槽隔条粗糙面对准电热丝，利用粗糙面摩擦力大的特点将电热丝"卡"在槽内即可。

第一次使用的时候有烟味和异味出来不必担心，这是机件的保护油受热造成的。使用中，加热板发出"吱吱嘎嘎"的声音，这是加热管和加热板热膨胀率不同的原因。烹调中，指示灯时灭时亮，表示恒温控温的效果。

电烤箱漏电原因

　　1. 检查电源插头、插座、电源引线绝缘是否良好。若损坏，更换损坏部件。

　　2. 检查发热器引端封口及插头、内腔插座绝缘是否损坏。若是，对发热器引端重新封口和加以绝缘，或者更换损坏件。

　　3. 检查带电部件是否碰壳。若有碰壳处，重新隔离绝缘。

　　需特别指出的是，对于不懂电工原理的使用者，一旦发现电烤箱漏电，应立即切断电源，请专业人员修理，切不要带电使用，也不要自行摆弄，以免发生事故。

电磁炉的安全使用

　　电磁炉一般不会漏电。因为电磁炉的整个过程与电没有接触，加热过程是电磁加热，与电没有物理接触。内部线圈全部有防 水设计，所以绝对不会漏电。但由于电磁炉是大功率电器，所 以在使用的时候要注意如下问题：

　　1. 电磁灶最忌水汽和湿气，应远离热气和蒸汽，灶内有冷却风扇，故应放置在空气流通处使用，出风口要离墙和其他物品10 公分以上，它的使用湿度为10～40度。

　　2. 电磁灶不能使用诸如玻璃、铝、铜质的容器加热食品，这些 非铁磁性物质是不会升温的。

　　3. 在使用时，灶面板上不要放置小刀、小叉、瓶盖之类的铁磁 物件，也不要将手表、录音磁带等易受磁场影响的物品放在灶 面上或带在身上进行电磁灶的操作。

　　4. 不要让铁锅或其它锅具空烧、干烧，以免电磁灶面板因受热 量过高而裂开。

　　5. 在电磁灶2～3米的范围内，最好不要放置电视机、录音机、收音机等怕磁的家用电器，以免收到不良影响。

　　6. 电磁灶使用完毕，应把功率电位器调到最小位置，然后关闭 电源，再取下铁锅，这时面板的加热范围圈内切忌用手直接触 摸。

　　7. 要清洁电磁灶时，应待其完全冷却，可用少许中性清洗剂，切忌使用强洗剂，也不要用金属刷子刷面板，更不允许用水直 接冲洗。

洗碗机漏电原因

洗碗机漏电的原因及修理：

洗碗机漏电的主要原因是带电部位元件绝缘破损外露碰壳，接地线松脱或电气元件受潮。

应对电气部件逐一检查，将绝缘损坏处包上胶布或更换新元件；把松脱的地线重新接好，并用铜螺母紧固；将受潮的元件干燥处理后再用。

电水壶漏电故障

电水壶使用一段时间后，常见有两种异常现象：当用试电笔测试电水壶外壳时，会出现氖泡起辉，烧一壶水又需要较长时间。这是否说明产品有故障，可用以下方法判断。

1. 试电笔测试外壳，如出现氖泡起辉，其一是电水壶绝缘性能下降，由此引起的漏电现象，一般不宜再用，以防造成触电伤亡。其二是电磁感应现象。此电流甚小，使用时对人体无害。

为了准确判断电水壶是漏电还是感应交流电，使用前最好做一次测量比较。可用试电笔测试一下交流电源，再测试一下电水壶外壳，显然，两者起辉程度有明显之分。

为了保证安全使用，最好在电水壶外壳接地端连接一根地线，这样既能防止漏电发生，又能保证使用时人身安全。

2. 影响烧水时间过长的原因主要与环境条件、电水壶内水垢多及电压过低有关。因此，在使用过程中，对不具备上述条件所引起的烧水时间过长，一般不属于电水壶本身质量问题。

电热杯漏电原因

电热杯漏电的主要原因是：

1. 电源插头松动，应及时紧固。

2. 橡胶垫损坏。

3. 电热元件与插头端子引线绝缘损坏触及杯底。

4. 云母电热元件的绝缘损坏。

5. 电热板式电热元件与杯底的绝缘烧坏。

6. 电热元件内部进水。

整发器漏电原因及修理

整发器漏电的原因及修理：

1. 电源线绝缘破损，如有破损要更新电源线或修理好。

2. 发热元件绝缘不良，要重新更换新的电热元件。

3. 整发器受潮，需要进行干燥处理。

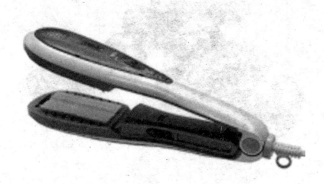

电动按摩器漏电原因

电动按摩器漏电原因及修理：

按摩器一般使用的是 220 伏交流电。如果久经使用，电线绝缘破损处或其他接线头处同外壳接触产生漏电。如果是金属外壳的按摩器使用时必须接地线。

帽式干发器漏电原因

造成帽式干发器漏电的原因是：

1. 电器元件绝缘破损。

2. 插头、插座接地不良。

3. 环境潮湿。

4. 干发器浸水未干。

5. 电路中有的带电体碰触金属部件。

6. 发热元件绝缘失效。

单元练习

一、填空题

1. 使用电器时发现电器有冒烟、冒火花、发出焦烟的异味等情况，应立即（　　　）、停止使用。

2. 遇到雷雨天气，要（　　　）使用电视机，拔下室外天线插头，防止遭受雷击。

3. 电热毯的使用期限不应大于（　　　），凡是超过使用期限的电热毯，应当更换，防止发生漏电伤人火灾事故。

4. 电池完全放电时（控制器保护电路工作，没有电流输出），充满电需（　　　），多充几个小时对电池更好，请务必选择（　　　）。

5. 电暖气主要有哪三类：（　　　）、（　　　）、（　　　）。

二、问答题

1. 安全使用电器常识有哪些？

2. 了解各种电器的安全使用方法。

3. 电热毯可以分为哪三类？

第三单元
安全防护基本常识

安全用电守则

1. 严禁违章用电。发现事故隐患，应立即请电工排除，确保用电安全。

2. 人体是导体，接触到带电的电线或物体，就会发生触电事故。因此，要绝对避免带电操作，要坚持单线操作，不要同时接触两根电线或两个接线头。不要用手触及带电工作的设备，不要让手或身体的任何部位触及裸露的线头或电线。

3. 在接线或检修电路时，要把电源切断，确认无电后方可操作，然后再用绝缘胶布把线路接头处缠紧、压实。

4. 不要乱拉、乱扯电线，不要乱接电线、乱接电源。

5. 不要将电源线与热表面或油污表面接触；不要让电源线受到任何负载的牵拉和扭曲；不要用金属丝捆扎电线；不要用重物压电线；不要把电线缠在铁钉或其他金属上；不要在电线上晒衣服。

6. 要防止电线绝缘部分破损，保持电器绝缘部分干燥。

7. 最好不要使用明线，不要把电线乱拉到室外去。

8. 在日常生活中，保险丝不能用铜丝或铁

丝来代替，一定要按照电路的实际用电的电流强度来选择保险丝。

9. 一个插线板上，不要插用过多的电器，以免超出用电负荷而引起火灾。

10. 水能导电，不要用湿手、湿布触摸或接触电源开关及电气用具，否则，容易引起漏电和短路。

11. 要养成用右手接触开关的习惯。因为人心脏在身体的左侧。

12. 不要把手指或金属物插入电源插座中。

13. 在插电源插头时，手应该在绝缘部分，不要用手接触插头的金属片；在拔电源插头时，不要拉住导线猛拔。

14. 缺乏专业知识的人不要修理或拆装家用电器。需要修理或拆装的，事先必须切断电源。

15. 在进行实验、实习时，一定要按照具体操作规程和要求去操作。

16. 在检测电路是否有电时，须用电笔，不准用手触摸。

不能乱拉乱接电线

电气设备的安装，必须请经过考试合格的电工，并严格执行有关的装置规程。如果让一些不懂行的去做，或者不按有关装置规程乱扔乱接电线，就会产生许多不安全因素。

例如，有的人为了图方便，敷设导线时不按规定装置，而是缠在铁丝上或挂在铁钉上，时间一长，导线的绝缘层被铁丝和铁钉磨破，就很容易造成漏电和触电。

又如，有的人为了省钱，家里有什么线就装什么线，不计算安全载流量，甚至在一个回路上装很多电器，前面又没有熔丝保护，中间还有很多接头，这样，一旦发生短路故障，就会扩大事故，甚至引起火灾。

家庭电路的安全装修

随着人们生活水平的日益提高，居室装修要求越来越高，但追求美观的同时别忘了电气装修的注意事项：

应该请经过考试合格，具有电工证的电工给您进行电气装修。

所使用的电气材料必须是合格产品，如电线、开关、插座、漏电开关、灯具等等。具体装修时，还应做到以下几点：

在您住宅的进线处，一定要加装带有过流保护、过压保护、漏电保护的三保护开关的配电箱。因为有了漏电开关，一旦家中发生漏电现象，如电器外壳带电、人身触电等，漏电开关会跳闸，从而保证人身安全。

屋内布线时，应将插座回路和照明回路分开布线，插座回路应采用截面不小于2.5平方毫米的单股绝缘铜线，照明回路应采用截面不小于1.5平方毫米的单股绝缘铜线，一般可使用塑料护套线。

具体布线时，所采用的塑料护套或其他绝缘导线不得直接埋在水泥或石灰粉刷层内，因为直接埋墙内的导线，已"死"在墙内，抽不出，拔不动。

一旦某段线路发生损坏需要调换，只能凿开墙面重新布线，而换线时，中间还不能有接头，因为接头直接埋在墙内，随着时间的推移，接头处的绝缘胶布会老化，长期埋在墙内就会造成漏电。

另外，大多数家庭的布线不会按圈施工，也不会保存准确的布线图纸档案，当在家中墙上打个木枕，钉个钉子时，不留意就可能将直

接埋在墙内的导线损坏，甚至钉子钉穿了导线造成短路，轻者爆断熔丝，重者短路时产生的电火花灼伤钉钉子的人，甚至引起火灾。如果钉子钉在火线上，钉子带电，人又站在地上，就很可能发生触电伤亡事故。所以，应该穿管埋设。

插座安装高度一般距离地面高度 1.3 米，最低不应低于 0.15 米，插座接线时，对单相二孔插座，面对插座的左孔接工作零线，右孔接火线；对单相三孔插座，面对插座的左孔接工作零线，右孔接火线，上孔接零干线或接地线。严禁上孔与左孔用导线相连。

壁式开关安装高度一般距离地面高度不低于 1.3 米，距门框为 0.15~0.2 米。开关的接线应接在被控制的灯具或电器的火线上。

吊扇安装时，扇叶对地面的高度不应低于 2.5 米。吊灯安装时，灯具重量在 1 千克以下时，可利用软导线作自身吊装，但在吊线盒及灯头内的软导线必须打结。灯具重量超过 1 千克时，应采用吊链、吊钩等，螺栓上端应与建筑物的预埋件衔接，导线不应受力。

测电笔的准备与使用

有位朋友家电源插座因螺丝松动，造成接触不良而打火。于是，他拉下自家线路上的闸刀，并确认刚才亮着的灯同时熄灭，便准备自行检修。可当他打开插座盖，用测电笔一测，不禁大惊失色：测电笔氖管呈亮，插座明显带电（后查得是与邻居共用零线所致）。幸亏他备了支测电笔，检测前多了一个心眼儿，否则后果将不堪设想。

在平时的生活中，我们常会碰到由于家电漏电和带电金属导体被误认为无电等造成的触电事故。其实，如果家里备有一支测电笔，在检查家电漏电或检修电气线路时用测电笔测一下有关导体，确认是否带电，有些触电事故是完全可以避免的。况且，一支测电笔不过几元钱，一般情况下，稍微向电工请教一下，就会很快掌握安全使用要领。因此建议每个家庭都备支测电笔，尤其是随着家庭用电的不断增加和家用电器的日益普及，备一支测电笔更是有备无患之举。

在测试电器和线路是否带电前应该先在有电的地方试一下，看看测电笔是不是完好以防判断失误而触电。

握笔时，用手指按住测电笔的尾部，其余手指握住笔身即可。

测电时，笔尖触到测试体上，手接触测电笔的尾部。如果测试体带电，则测电笔的氖管会发光；若氖管不发光，则说明测试体不带电。

测电笔的绝缘电阻小于 1 兆欧的不能使用。

安装用电防护设备

一、合理选配电表

先计算一下家庭有可能同时打开（或使用）的电器总容量，单位是瓦（W）或千瓦（kW），1千瓦：1000瓦。然后用总容量（瓦）除以220伏（家庭供电电压），就得到用电的电流数值，单位是安培（A）。选配的电表（括号内的值）应比算出的安培数值略大一些，家庭电表型号一般有5A（10A）、10A（20A）、20A（40A）、30A（60A）等。

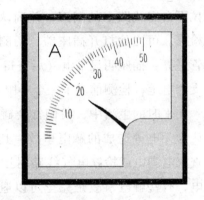

二、安装剩余电流断路器

有些人在给灌木修整机和割草机连电线的时候，不幸中电身亡。我们都需要防止出现这种悲剧，不管是在花园里，还是在自己家里。

而避免发生这种电力事故的最好方法，就是在保险丝盒中安装剩余电流断路器。这个设备能够切断电流（通过断开电路），不会产生任何电流泄漏。

我们也可以使用单用户电源断路器（它可以从五金商店或超市中买到），它已经包括了剩余电流断路器的功能。如果没有在保险丝盒中安装剩余电流断路器，那么快安装它吧，它特别适合户外的电力器械。

电源电器的安全检查

电源电器的安全检查是个花费时间的工作，不过，在进行了第一次主要检查后，你只需要每 6 个月进行一次全面核查。在我们看来，这可能是其中最重要的检查。但请记住，从平均水平来看，每年由于电线连接故障造成的火灾超过了 2000 起。

一、检查的工具

准备好一对改锥，拧开插销，一包 3 安培和 13 安培的保险丝，一个电线剥离器和你的笔记本。

二、检查的时间

进行此项检查的最佳时间，是在白天小孩都出去的时候，一方面白天能看得清楚，不易漏掉有问题的地方；另一方面小孩不在家，使大人不担心他突如其来用小手触摸某个电器而发生触电或玩耍电器、工具而受到伤害。

三、检查的方法

你需要检查每个电器与插座的连接情况，并且要安装正确的保险丝。

要想完成这一步骤，首先必须检查外部插销有没有裂缝，在何种情况下，应该更换它。有没有变热，或者是由于过热而导致脱色呢？在进行了这一步操作之后，再对是否使用了正确的保险丝进行检查，还要检查插座的连线情况。

如果这些都可能导致某件电器不能使用，要么丢弃它，要么拔掉插销，这样就不会有人用它。如果房子内还有其他人（客人、租房人等），应该在上面放个提示小条"该物品危险，不要使用"。应该让合格的电工对这些电器进行检查。

如果感到电线连接有点不结实，那么打开插销，看看连线情况。连线正确吗？所有的电线都安全吗？安装了正确的保险丝了吗？如果一切看起来都正常，可以重新拧好插销盖，继续检查下一个插销。

四、正确给插销连线

E——地线绿色/黄色线；

N——负极蓝色线；

L——正极红色线。

下雨打雷时的安全用电

1. 关掉收音机、录像机、电视机等电器的开关，拔出电源插头，拔出电视机的天线插头或有线电视的信号电缆，最好将电缆押至房外。

2. 暂不使用电话，如一定要通话，可用免提功能键，与话机保持距离，切忌直接使用话筒。

3. 离开电线、灯头，有线广播距离 1.5 米以上。

4. 雨天发生触电事故，要立即切断电源。如电源开关太远，可以站在干木凳上用不导电的物体，如木棒、竹竿、塑料棒、衣服等触电者与带电体分开。切莫将带电体碰着自己和他人身体，避免触电现象再发生，触电者痉挛紧握着电线时可以用干燥的带木柄的斧头或用绝缘的钢丝钳切断电线。

抢救触电者一定要及时，不能拖延一分一秒，因为触电时间越长，危害越大，生命越危险。发现有人触电，惊慌失措，直接用手去接触电者，用剪刀剪电线，都是错误的，这样做会使救人者自己也触电。

放风筝要远离高压电线路

　　每年春天，人们都能看到一些放风筝的爱好者，在电气化铁路附近、高压线密布区，无忧无虑地放着风筝，殊不知，这样做有很大的危险。高压线等电力设备与导电物体和人距离太近时会产生放电现象，制作风筝的材质有些是导电材料，如果空气潮湿，风筝线也会导电，一旦与高压电线接触或距离高压线很近时，高压线通过风筝和风筝线将高电压传到人身上，会对人身造成危险。若挂在电线上的风筝线、塑料布被风吹起后，缠上相邻的高压线，造成电线短路，进而发生线路跳闸造成停电，不仅损坏输电设备，而且影响社会及居民正常用电。

　　因此，放风筝的朋友们要合理选择放风筝的地点、场所，应避开铁路、电力线路，尤其是避开电力线路密布区，以免风筝挂到高压电线上而引发事故。公安及其他相关部门应加大监管力度，及时提醒市民，不要在铁路、电力线路附近放风筝。同时，也提醒风筝爱好者，一旦你的风筝挂到了电力线路上，应立即松手，勿用力扯动风筝线，以免高压线放电导致触电；人与高压线之间至少应保持 3 米以上

的距离，千万不要自己用手或用树枝、竹竿去挑，可立即通知电力部门的工作人员前去处理。另外，制作风筝要用绝缘材料，风筝引线切勿用导电体。

小朋友们在放风筝时不要在农村场院内放风筝。因为农忙时，场院内有许多临时安装的电灯、电闸等。如果不注意，风筝搭上电线，造成短路，不但有触电的危险，还有可能引起火灾。更不要在高压电线附近或者配电变压器附近放风筝，这些地段高压线密集，若风筝搭在高压线或配电变压器上，如果遇到阴雨天，风筝线绝缘能力降低，很容易造成电线短路，发生人身伤亡和电器设备烧坏的事故。

2008 年 3 月 23 日下午，浙江省嘉善县某学校刚上初一的学生小林（化名）与 3 个小伙伴在嘉善县善江公路柳洲公园东面围墙外附近玩耍时，捡到了两个风筝。于是，几个人快乐地放了起来，在这个过程中，小林放的风筝被电线杆上路灯变压器旁的攀梯挂住，为了拿回风筝，小林爬上了电线杆，结果被变压器上的 1 万伏高压电击中坠落。

随后，小林被送往嘉善县第一人民医院救治，因伤势过重，后转院至武警浙江省总队医院进行治疗，住院 38 天，期间双臂截肢。

我国《电力设施保护条例》第十四条第三款明确规定："任何单位或个人，不得在架空电力线路导线两侧各 300 米的区域内放风筝。"因此，人们在放风筝时一定要选好合适的场所，不要在电力线路附近的场地放风筝，以免风筝落在电力线上，引起相间短路停电或人身触电伤亡等。

游泳钓鱼远离高压电线路

我国的《电力设施保护条例》规定，1～10千伏导线边线向外侧延伸5米并垂直于地面所形成的两平行线内的区域为架空电力线路保护区。《中华人民共和国铁道部铁路电力设备安装标准》也要求，10千伏导线对地面的最小允许距离为6.5米，导线与建筑物的垂直距离为3米，与建筑物的水平距离为1.5米。否则就会造成安全隐患。

2001年8月8日下午，浙江临海市水洋镇前岙洋村的蒋灵杰与3名同学到村旁塔岙水库游泳，不料手触到架在离库区水面仅约40厘米高的高压线上，当即被高压线紧紧吸住。

同伴们见状想游过去救人，但想到可能触电，还会造成更多人伤亡，故赶紧上岸想拉闸断电。但电泵房房门紧闭，根本无法进入，待他们赶回去时，蒋灵杰已停止了扑腾。

下午5时许，蒋的父亲不见儿子回家，到处寻找，待他赶到塔岙水库时，发现独子已触电身亡，当即哭昏过去。

随后，临海市领导、公安、电力、安全等部门人员赶到现场。电

力部门工作人员切断电源后，民警才将蒋灵杰的尸体拉上岸。

致使小灵杰触电身亡的高压线横跨在水库两岸，其中中间一段距离水面只有40厘米左右。村民反映，这根380伏的三相高压线路长百米左右，是位于该镇的临海市永嘉助剂化工厂拉来用于厂中水泵抽水，当地村民和临海市电力部门多次要求该厂整改线路，但厂方一直没有落实，才造成了这个惨剧。

2012年5月18日下午5时许，贵州省遵义县泮水镇，一男子在河边钓鱼时，鱼竿不慎挂到高压线触电身亡。25日悲剧再度发生，该县一位姓李的钓鱼爱好者与朋友相约去钓鱼，拉开鱼竿时碰到半空中的一根高压线，不幸触电身亡。

民警赶往现场后了解到，25日上午，李某与陆某一起到南白镇火车站附近一鱼塘钓鱼，他们到达鱼塘后各自选择地点，两人相距约4米远。陆某还在取渔具时，李某已将鱼竿取出准备拉开试竿。陆某听到"嘶嘶"的声音，回头一看，发现李某的鱼竿搭在半空中的高压线上，而李某已倒在了地上。事情发生后，陆某赶紧拨打110和120电话求助。虽然医生现场实施了抢救，但依然没能挽回李某的生命。

警方提醒广大钓鱼爱好者，选择垂钓地点时，一定要多观察周围的环境，在确定安全的前提下再进行钓鱼，避免悲剧重演。

防止人身触电的技术措施

当电气设备的外壳因绝缘损坏而带电时，并无带电象征，人们不会对触电危险有什么预感，这时往往容易发生触电事故。但是只要掌握了电的规律并采取相应措施，很多触电事故还是可以避免的。

一、保护接地

保护接地是为了防止电气设备绝缘损坏时人体遭受触电危险，而在电气设备的金属外壳或构架等与接地体之间所作的良好的连接。保护接地适用于中性点不接地的低电网中。采用保护接地，仅能减轻触电的危险程度，但不能完全保证人身安全。

二、保护接零

为防止人身因电气设备绝缘损坏而遭受触电，将电气设备的金属外壳与电网的零线（变压器中性点）相连接，称为保护接零。保护接零适用于三相四线制中性点直接接地的低压电力系统中。

对于采用保护接零系统要求：

1. 零线上不能装熔断器和断路器，以防止零线回路断开时，零线出现相电压而引起的触电事故。

2. 在同一低压电网中，不允许将一部分电气设备采用保护接地，而另一部分电气设备采用保护接零。

3. 在接三眼插座时，不准将插座上接电源零线的孔同接地线的孔串接。正确的接法是接电源零线的孔同接地的孔分别用导线接到零线上。

4. 除中性点必须良好接地外，还必须将零线重复接地。

三、工作接地

将电力系统中某一点直接或经特殊设备与地作金属连接，称为工作接地。工作接地可降低人体的接触电压、迅速切断电源、降低电气设备和输电线路的绝缘水平、满足电气设备运行中的特殊需要。

四、漏电保护器

它的作用就是防止电气设备和线路等漏电引起人身触电事故，也可用来防止由于设备漏电引起的火灾事故以及用来监视或切除一切接地故障，并且在设备漏电、外壳呈现危险的对地电压时自动切断电源。

单元练习

一、填空题

1. 在日常生活中，保险丝不用（　　）或（　　）来代替，一定要按照电路的实际用电的电流强度来选择保险丝。

2. 要养成用（　　）接触开关的习惯。因为人心脏在人体的左侧。

3. 缺乏专业知识的人不要修理或拆装家用电器。需要修理或拆装的事先必须（　　）。

4. 下雨打雷时得关掉收音机、录像机、电视机等电器的开关，拔出（　　），拔出电视机的（　　）或有线电视的（　　），最好将（　　）押至房外。

二、问答题

1. 如何使用测电笔？

2. 安装用电防护设备有哪些？

3. 防止人身触电的技术措施有哪些？

第四单元
安全自救基本常识

触电的伤害

人体是导电的物体，所以人如果接触到带电的物体时，电流就会通过人体，会对人体造成相应的伤害，这就是触电。有的是被电击，有的是被电伤。

电击是电流通过人体，使人体内部组织受到较为严重的损伤。受到电击时，人会感到浑身发热、发麻、肌肉抽搐以至于渐渐失去知觉。

如果此时电流还继续通过人体，则触电者的心脏、呼吸机能和神经系统均会受到严重的伤害。

电伤是电流对人的体外造成的局部损伤。一般有电烧伤、电烙印和熔化的金属渗入皮肤等伤害。

总之，当人触电后由于电流通过往往使人体烧伤，严重的可造成死亡。

怎样防止触电

1. 学习用电知识，不要用硬的物品接触电源，也不要用人体某个部位接触电源，以防触电。

2. 不要乱插、私接电源，特别是不要用湿手去插电源插头。

3. 要多注意观察家里的各种电器，插头插座、电线、灯是否有破损、老化的现象，如果有应立即告诉家长进行正确处理。

4. 我们中小学生不要私自玩电，特别是当家里没有人时，一定要把所有的电源都关闭或拔掉。

5. 凡是金属制品都是导电的，千万不要用这些工具直接与电源接触。

6. 不要用湿的毛巾擦电器，防止水滴进机壳内造成短路，以免触电。

7. 在放学、上学的路上，特别注意路边的电线是否有脱落，见到一定要躲开。

8. 雷雨天气，千万不要站在树底下避雨，以免遭到雷击。

9. 暴风雨吹落了电线，有人不幸被电击倒了，千万不要伸手去拉触电者，正确的方法是用干木棍等绝缘的物品，挑开电线并告诉大人，通知有关部门。

安全电流与安全电压

一、安全电流

为了确保人身安全，一般以人触电后人体未产生有害的生理效应作为安全的基准。因此，通过人体一般无有害生理效应的电流值，即称为安全电流。

安全电流又可分为容许安全电流和持续安全电流。当人体触电，通过人体的电流值不大于摆脱电流的电流值称为容许安全电流，50～60 赫兹交流规定 10 毫安（矿业等类的作业则规定 6 毫安），直流规定 50 毫安为容许安全电流；当人发生触电，通过人体的电流大于摆脱电流且与相应的持续通电时间对应的电流值称为持续安全电流。

交流持续安全电流值与持续通电时间的关系为：

$I_{ac} = 10 + 10/t$（0.03 秒≤t≤10 秒）

T——持续通电时间

二、安全电压

在各种不同环境条件下，人体接触到一定电压的带电体后，其各部分不发生任何损害，该电压秒称为安全电压。

安全电压是以人体允许通过的电流与人体电阻的乘

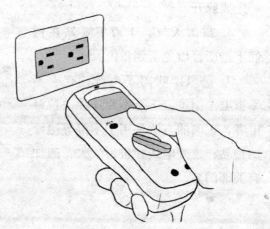

积来表示的。通常，低于 40 伏的对地电压可视为安全电压。国际电工委员会规定接触电压的限定值为 50 伏，并规定在 25 伏以下时，不需考虑防止电击的安全措施。

我国规定的安全电压等级有：42 伏、36 伏、24 伏、12 伏、6 伏、额定值五个等级，目前采用安全电压以 36 伏和 12 伏较多。

发电厂生产场所及变电站等处使用的行灯一般为 36 伏，在比较危险的地方或工作地点狭窄、周围有大面积接地体、环境湿热场所，如电缆沟、煤斗油箱等地，所用行灯的电压不准超过 12 伏。

需要指出的是，不能认为这些电压就是绝对安全的，如果人体在汗湿、皮肤破裂等情况不长时间触及电源，也可能发生电击伤害。

高压触电的解决办法

高压电弧触电

高压线路和高压带电设备在正常运行时，所带电压常常是几千伏，几万伏甚至是几十万伏。在人体离它们较近时，高压线或高压设备所带高电压，有可能击穿它们与人体之间的空气，于是发生通过人体产生的放电现象，在电流通过人体时，造成电烧伤，甚至死亡，这就是所谓的高压电弧触电。

为了避免这种触电事故的发生，电力部门规定了对不同电压等级的高压带电线路所必须保持的安全距离，它们是：1 万伏，不小于 1 米；3.5 万伏，不小于 2.5 米；11 万伏，不小于 3 米；22 万伏，不小于 4 米。有经验的电工和电力工程技术人员，根据电力线路的架设情况，一眼便可判明它的电压等级；如果没有把握，一时还不能准确判断出电压等级，为了万无一失，在工作时，宁可按高一级电压的安全距离离开。高压带电设备都有明显的标志："高压危险，切勿靠近！"，人体同

它们也必须保持安全距离，周围环境空气湿度较大时更应注意这一点。

高压触电应急程序

1. 立即通知有关部门停电。

2. 戴上绝缘手套，穿上绝缘鞋，用相应电流等级的绝缘工具拉下开关。

3. 抛掷金属线使线路接地，使保护装置动作，断开电源。注意金属线一端要可靠接地，抛掷时不可触及触电者和他人。

4. 抛掷裸金属线使线路短路接地，迫使保护装置动作，断开电源。注意抛掷金属线之前，先将金属线的一端可靠接地，然后抛掷另一端；注意抛掷的一端不可触及触电者和其他人。

触电事故的规律

1. 有明显的季节性：一般每年以二、三季度事故较多，6~9月最集中。因为夏秋两季天气潮湿、多雨，降低了电气设备的绝缘性能；人体多汗皮肤电阻降低，容易导电；天气炎热，电扇用电或临时线路增多，且操作人员不穿戴工作服和绝缘护具；正值农忙季节，农村用电量和用电场所增加，触电机率增多。

2. 低压触电多于高压触电：是因为低压设备多、电网广，与人接触机会多；低压设备简陋而且管理不严，思想麻痹，多数群众缺乏电气安全知识。

3. 农村触电事故多于城市：主要是由于农村用电条件差，设备简陋，技术水平低，管理不严。

4. 青年和中年触电多：一方面是因为中青年多数是主要操作者。另一方面因这些人多数已有几年工龄，不再如初学时那么小心谨慎。

5. 单相触电事故多，占70%以上。

6. 事故点多在电气联结部位。

7. 事故由两个以上因素构成：统计表明90%以上的事故是由两个以上原因引起的。

触电事故的分类

触电是泛指人体触及带电体。触电时电流会对人体造成各种不同程度的伤害。触电事故分为两类：一类叫"电击"；另一类叫"电伤"。

1. 电击及其分类：所谓电击，是指电流通过人体时所造成的内部伤害，它会破坏人的心脏、呼吸及神经系统的正常工作，甚至危及生命。

其根本原因：在低压系统通电电流不大且时间不长的情况下，电流引起人的心室颤动，是电击致死的主要原因；在通过电流虽较小，但时间较长情况下，电流会造成人体窒息而导致死亡。

绝大部分触电死亡事故都是电击造成的。日常所说的触电事故，基本上多指电击而言。

电击可分为直接电击与间接电击两种。直接电击是指人体直接触及正常运行的带电体所发生的电击；间接电击则是指电气设备发生故障后，人体触及该意外带电部分所发生的电击。

直接电击多数发生在误触相线、刀闸或其他设备带电部分。

间接电击大都发生在大风刮断架空线或接户线后，搭落在金属物或广播线上，相线和电杆拉线搭连，电动机等用电设备的线圈绝缘损坏而引起外壳带电等情况下。

2. 电伤及其分类：电伤是指电流的热效应、化学效应或机械效应对人体造成的伤害。

（1）电弧烧伤，也叫电灼伤，它是最常见也是最严重的一种电伤，

多由电流的热效应引起，具体症状是皮肤发红、起泡，甚至皮肉组织被破坏或烧焦。

通常发生在：低压系统带负荷拉开裸露的刀闸开关时电弧烧伤人的手和面部，线路发生短路或误操作引起短路，高压系统因误操作产生强烈电弧导致严重烧伤，人体与带电体之间的距离小于安全距离而放电。

（2）电烙印，当载流导体较长时间接触人体时，因电流的化学效应和机械效应作用，接触部分的皮肤会变硬并形成圆形或椭圆形的肿块痕迹，如同烙印一般。

（3）皮肤金属化，由于电流或电弧作用（熔化或蒸发）产生的金属微粒渗入了人体皮肤表层而引起，使皮肤变得粗糙坚硬并呈青黑色或褐色。

人体触电的方式

人体触电的基本方式有单相触电、两相触电、跨步电压触电、接触电压触电。此外，还有人体接近高压电和雷击触电等。

一、单相触电

是指人体站在地面或其他接地体上，人体的某部位触及一相带电体所引起的触电。它的危险程度与电压的高低、电网的中性点是否接地及对地电容量的大小有关，是较常见的一种触电事故。

在日常工作和生活中（三相四线制），低压用电设备的开关、插销和灯头以及电动机、电熨斗、洗衣机等家用电器，如果其绝缘损坏，带电部分裸露而使外壳、外皮带电，当人体碰触这些设备时，就会发生单相触电情况。

如果此时人体站在绝缘板上或穿绝缘鞋，人体与大地间的电阻就会很大，通过人体的电流将很小，这时不会发生触电危险。

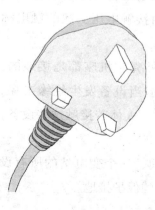

二、两相触电

是指人体有两处同时接触带电的任何两相电源时的触电。发生两相触电时，电流由一根导线通过人体流至另一根导线，作用于人体上的电压等于线电压，若线电压为380伏，则流过人体的电流高达268毫安，这样大的电流只要经过0.186秒就可能致触电者死亡。故两相触电比单相触电更危险。

三、跨步电压触电

当电气设备发生接地故障或当线路发生一根导线断线故障，并且导线落在地面时，故障电流就会从接地体或导线落地点流入大地，并以半球形向大地流散，距电流入地点越近，电位越高，距电流入地点越远，电位越低，入地点 20 米以外处，地面电位近似零。

如果此时有人进入这个区域，其两脚之间的电位差就是跨步电压。由跨步电压引起触电，称为跨步电压触电。

人体承受跨步电压时，电流一般是沿着人的下身，即从脚到胯部再到脚流过，与大地形成通路，电流很少通过人的重要器官心脏，看起来似乎危害不大，但是，跨步电压较高时，人就会因脚抽筋而倒在地上，这不但会使作用于身体上的电压增加，还有可能改变电流通过人体的路径而经过人体的重要器官，因而大大增加了触电的危险性。

因此，电业工人在平时工作或行走时，一定要格外小心。当发现设备出现接地故障或导线断线落地时，要远离断线落地区；一旦不小心已步入断线落地区且感觉到有跨步电压时，应赶快把双脚并在一起或用一条腿跳着离开断线落地区；当必须进入断线落地区救人或排除故障时，应穿绝缘靴。

四、接触电压触电

接触电压是指人站在发生接地短路故障设备的旁边，触及漏电设备的外壳时，其手、脚之间所承受的电压。由接触电压引起的触电称为接触电压触电。

在发电厂和变电所中，一般电气设备的外壳和机座都是接地的，正常时，这些设备的外壳和机座都不带电。但当设备发生绝缘击穿、接地部分破坏，设备与大地之间产生电位差时，人体若接触这些设备，其手、脚之间便会承受接触电压而触电。

为防止接触电压触电，往往要把一个车间、一个变电站的所有设备均单独埋设接地体，对每台电动机采用单独的保护接地。

五、弧光放电触电

因不小心或没有采取安全措施而接近了裸露的高压带电设备，将会发生严重的放电触电事故。

六、停电设备突然来电引起的触电

在停电设备上检修时，若未采取可靠的安全措施，如未装挂临时接地及悬挂必要的标示牌，并误将正在检修设备送电，致使检修人员触电。

触电的原因

1. 不懂安全用电常识，自行安装电器，家用电器漏电而手接触开关、灯头、插头等。

2. 或因大风雪、火灾、地震、房屋倒塌等使高压线断后在地，10米内都有触电危险。

3. 在房檐下或大树下避雷雨，衣帽被雨淋更容易被雷击。

4. 在电线上晒湿衣物。

5. 救护时直接用手拉触电者等。

触电的判断

触电是电流通过人体，与大地或其他导体形成闭合回路，触电对人体的伤害主要有电击和电伤两种。人体触电的瞬时如不能立即摆脱，电源将导致呼吸困难，心脏麻痹而死亡。

1. 轻者心慌、头晕、面色苍白、恶心、神志不清、呼吸不畅、心跳不规律、四肢无力，如脱离电源，需安静休息，注意观察，不需特殊处理。

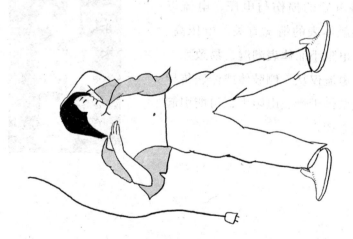

2. 重者呼吸急促、心跳加快、血压下降、昏迷、心室颤动、呼吸中枢麻痹以至呼吸停止，皮肤烧伤或焦化、坏死等。

触电的症状

1. 局部表现有不同程度的烧伤、出血、焦黑等现象。

2. 烧伤区与正常组织界线清楚。

3. 全身机能障碍，如休克、呼吸心跳停止。

4. 致死原因是由于电流引起脑（延髓的呼吸中枢）的高度抑制及心肌的抑制，心室纤维性颤动。

5. 触电后的损伤与电压、电流以及导体接触体表的情况有关。电压高、电流强、电阻小而体表潮湿，易致死。

如果电流仅从一侧肢体或体表传导入地，或肢体干燥、电阻大，可能引起烧伤而未必死亡。

小心触电

触电时脱离电源的方法

当人发生触电后，首先要使触电者脱离电源，这是对触电者进行急救的关键。但在触电者未脱离电源前急救人员不准用手直接拉触电者，以防急救人员触电。为了使触电者脱离电源，急救人员应根据现场条件果断地采取适当的方法和措施。脱离电源的方法和措施一般有以下几种。

一、低压触电脱离电源

1. 在低压触电附近有电源开关或插头，应立即将开关拉开或插头拔脱，以切断电源。

2. 如电源开关离触电地点较远，可用绝缘工具将电线切断，但必须切断电源侧电线，并应防止被切断的电线误触他人。

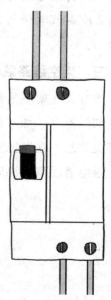

3. 当带电低压导线落在触电者身上，可将绝缘物体将导线移开，使触电脱离电源。但不允许用任何金属棒或潮湿的物体去移动导线，以防急救者触电。

4. 若触电者的衣服是干燥的，急救者可用随身干燥衣服、干围巾等将自己的手严格包裹，然后用包裹的手拉触电者干燥衣服，或用急救者的干燥衣物结在一起，拖拉触电者，使触电者脱离电源。

5. 若触电者离地距离较大，应防止切断电源后触电者从高处摔下造成外伤。

二、高压触电脱离电源

当发生高压触电时，应迅速切断电源开关。如无法切断电源开关，应使用适合该电压等级的绝缘工具，使触电者脱离电源。急救者在抢救时，应对该电压等级保持一定的安全距离，以保证急救者的人身安全。

三、架空线路触电脱离电源

当有人在架空线路上触电时，应迅速拉开关，或用电话告知当地供电部门停电。如不能立即切断电源，可采用抛掷短路的方法使电源侧开关跳闸。在抛掷短路线时，应防止电弧灼伤或断线危及人身安全。杆上触电者脱离电源后，用绳索将触电者送至地面。

触电的急救原则

1. 火速切断电源。立即拉下闸门或关闭电源开关，拔掉插头，使触电者很快脱离电源。急救者利用竹竿、扁担、木棍、塑料制品、橡胶制品、皮制品挑开接触病人的电源，使病人迅速脱离电源。

2. 如患者仍在漏电的机器上时，赶快用干燥的绝缘棉衣、棉被将病人推拉开。

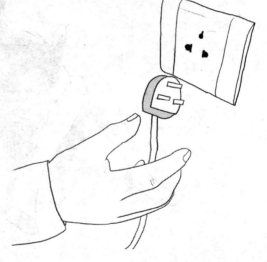

3. 未切断电源之前，抢救者切忌用自己的手直接去拉触电者，这样自己也会立即触电而伤，再有人拉这位触电者也会同样触电，因人体是导体，极易传电。

4. 触电灼烧伤应合理包扎。在高空高压线触电抢救中，要注意再摔伤。

5. 急救者最好穿胶鞋，跳在木板上保护自身。心跳呼吸停止还可心内或静脉注射肾上腺素、异丙肾上腺素。血压仍低时，可注射阿拉明、多巴胺，呼吸不规则注射尼可刹米、山梗菜碱。

6. 确认心跳停止时，应立即进行拳击复苏或口对口的人工呼吸和心脏胸外挤压，直至呼吸和心跳恢复为止。

7. 对呼吸和心跳停止者，如呼吸不恢复，人工呼吸至少应坚持4小时或出现尸僵和尸斑时方可放弃抢救。有条件时直接给予氧气吸入更佳。

8. 在就地抢救的同时，尽快呼叫医务人员或向有关医疗单位求援。用呼吸中枢兴奋药，针刺人中和十宣穴。在心跳停止前禁用强心剂。

触电的现场急救处理

当触电者脱离电源后，急救者应根据触电者的不同生理反应进行现场急救处理。

1. 触电者神志清醒，但感乏力、心慌、呼吸促迫、面色苍白。此时应将触电者躺平就地安静休息，不要让触电者走动，以减轻心脏负担，并应严密观察呼吸和脉搏的变化。若发现触电者脉搏过快或过慢应立即请医务人员检查治疗。

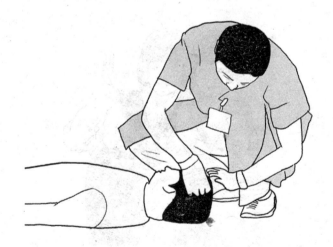

2. 触电者神志不清，有心跳，但呼吸停止或极微弱的呼吸时，应及时用抬颏法使气道开放，并进行口对口人工呼吸。如不及时进行人工呼吸，将由于缺氧过久从而引起心跳停止。

3. 触电者神志丧失、心跳停止，但有微弱的呼吸时，应立即进行

心肺复苏急救。不能认为尚有极微弱的呼吸就只有做胸外按压，因为这种微弱的呼吸起不到气体交换的作用。

4. 触电者心跳、呼吸均停止时，应立即进行心肺复苏急救，在搬移或送往医院途中仍应按心肺复苏规定进行急救。

5. 触电者心跳、呼吸均停，并伴有其他伤害时，应迅速进行心肺复苏急救，然后再处理外伤。对伴有颈椎骨折的触电者，在开放气道时，不应使头部后仰，以免高位截瘫，因此应用托颌法。

6. 当人遭受雷击时，由于雷电流将使心脏、脑部产生代谢静止和中枢性无呼吸。因此受雷击者心跳、呼吸均停止时，应进行心肺复苏急救，否则将发生缺氧性心跳停止而死亡。不能因为雷击者的瞳孔已放大，而不坚持用心复苏进行急救。

人工呼吸触电急救法

一、胸外心脏按压法

心脏按压是有节律地按压胸骨下部，间接压迫心脏，排出血液，然后突然放松，让胸骨复位，心脏舒张，接受回流血液，用人工维持血液循环。其要领如下：

挤压胸骨下段，心脏在胸骨与脊柱之间被挤压，血液排出放松时，心脏因静脉回流而充盈。

1. 将触电者仰卧在硬板上或地面上。不能卧在软床上或垫上厚软物件，否则会抵消挤压效果。

2. 压胸位置是一只手掌根部放在触电者的心窝口上方，另一只手掌作辅助。抢救者跪在触电者腰旁，操作过度疲劳时可以交换位置。掌根压胸，位置在心窝口的稍上方。

3. 按压方法：压胸的一只手，在预备动作时略弯，然后向前压胸，成90°角，完成动作后，突然放松（向后一缩），如此循环下去。

4. 按压时触摸大动脉是否有脉搏。如果没有脉搏，应加大按压力度，减慢挤压速度，应注意力重适中，不要过力。

胸外心脏按压法口诀如下：

掌根下压不冲击，突然放松手不离；

手腕略弯压一寸，一秒一次较适宜。

二、对口吹人工呼吸法

是用人工方法使气体有节律地进入肺部，再排出体外，使触电者

获得氧气，排出二氧化碳，人为地维持呼吸功能。其要领如下：

1. 将触电者仰卧，使头部尽量后仰（先拿走枕头）。操作者腰旁侧卧，一手抬高触电者下颌，使其口张开。用另一只手捏住触电者的鼻子，保证吹气时不漏气。但是，如果在触电者口上盖一块手帕，可能影响吹气效果。头部后仰，使嘴张开，然后口对口吹气。

2. 操作者用中等度深呼吸，把口紧贴触电者的口，缓慢而均匀地吹气，使触电者胸部扩张。胸部起伏过大，容易把肺泡吹破；胸壁起伏过小，则效果不佳。因此要观察胸部起伏程度来掌握吹气量。

3. 吹气速度，对成人是吹气2秒，停3秒，5秒一次。成年人每分钟12~16次，对儿童是每分钟吹气18~24次。

4. 触电者嘴不能掰开时，可进行口对鼻吹气。方法同上，只是要用一只手封住嘴以免漏气。

对口吹的口诀如下：

张口捏鼻手抬颌，深吸缓吹口对紧；

张口困难吹鼻孔，五秒一次坚持吹。

触电者心跳、呼吸都停止时，应同时进行胸外心脏按压和口对口人工呼吸。如果有两个操作者，可以一个负责心脏按压，另一人负责对口吹气。操作时，心脏按压4~5次，暂停，吹气一次，叫4比1或5比1。如果只有一个操作者，操作时最好是2次很快地肺部吹气，接着进行 15 次胸部挤压，叫 15 比 2。肺部充气时，不应按压胸部，以免损伤肺部和降低通气的效果。

三、摇臂压胸呼吸法

操作要领如下：

1. 使触电者仰卧，头部后仰。

2. 操作者在触电者头部，一只脚作跪姿，另一只脚半蹲。两手将触电者的双手向后拉直，压胸时，将触电者的手向前顺推，至胸部位置时，将两手向胸部靠拢，用触电者两手压胸部。在同一时间内还要完成以下几个动作：跪着的一只脚向后蹬（呈前弓后箭状），半蹲的前脚向前倒，然后用身体重量自然向胸部压下。压胸动作完成后，将触电者的手向左右扩张。完成后，将两手往后顺向拉直，恢复原来位置。

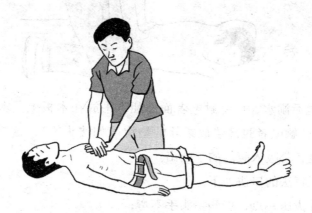

3. 压胸时不要有冲击力，两手关节不要弯曲，压胸深度要看对象，对小孩不要用力过猛，对成年人每分钟完成 14～16 次。

四、摇臂压胸法

摇臂压胸式的口诀如下：

单腿跪下手拉直，双手顺推向胸靠；

两腿前弓后箭状，胸压力量要自然；

压胸深浅看对象，用力过猛出乱子；

左右扩胸最要紧，操作要领勿忘记。

五、俯卧压背呼吸法（此法只适宜触电后溺水、肚内喝饱了水）

1. 使触电者俯卧，触电者的一只手臂弯曲枕在头上，脸侧向一边，另一只手在头旁伸直。操作者跨腰跪，四指并拢，尾指压在触电者背部肩胛骨下（相当于第七对肋骨）。

2. 压时，操作者手臂不要弯，用身体重量向前压。向前压的速度要快，向后收缩的速度可稍慢，每分钟完成 14～16 次。

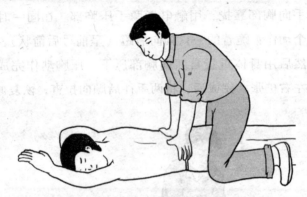

3. 触电后溺水，可将触电者面部朝下平放在木板上，木板向前倾斜 10°左右，触电者腹部垫放柔软的垫物（如枕头等），这样，压背时会迫使触电者将吸入腹内的水吐出。

俯卧压背法的口诀如下：

四指并拢压一点，挺胸抬头手不弯；

前冲速度要突然，还原速度可稍慢；

抢救溺水用此法，倒水较好效果佳。

人工呼吸触电急救的注意

一、人工呼吸法的选择

1. 有轻微呼吸和轻微心跳，不用做人工呼吸，观察其病变，可用油擦身体，轻轻按摩。

2. 有心跳，无呼吸——用对口吹。

3. 有呼吸，无心跳——用胸外心脏按压法。

4. 呼吸，心跳全无——用胸外心脏按压与对口吹配合抢救，这是目前国内推广的最佳方法。

5. 触电后溺水，肚内有水——用俯卧压背式。

二、做人工呼吸法之前须注意的事项

1. 松衣扣、解裤带，使触电者易于呼吸。

2. 清理呼吸道——将口腔内的食物以及可能脱出来的假牙取出，若口腔内有痰，可用口吸出。

3. 维持好现场秩序——非抢救人员不准围观。

4. 派人向医院、供电部门求援，但千万不要打强心针。触电者的心脏是纤颤的（即剧烈收缩），而强心针是刺激心脏收缩的药物，若替触电者打强心针，是加速其心脏收缩，无异火上加油，加速死亡。三联针是强心针。

单元练习

一、填空题

1. 电击是（   ）通过人体，使人体内部组织受到较为严重的损伤。

2. 在各种不同环境条件下，人体接触到一定电压的带电体后，其各部分不发生任何损害，该电压称为（   ）。

3. 低于（   ）的对地电压可视为安全电压。

4. 低压触电多于高压触电：是因为低压（   ），（   ），（   ）；低压设备简陋而且管理不严，思想麻痹，多数群众缺乏电气安全知识。

5. 所谓电击，是指（   ）通过人体时所造成的内部伤害，它会破坏人的（   ）、（   ）及（   ）的正常工作，甚至危及生命。

6. 急救时，有心跳，无呼吸——用（   ）。呼吸，心跳全无——用（   ）与对口吹配合抢救。

7. 触电后溺水，可将触电者面部（   ）平放在木板上，木板向前倾斜（   ）左右，触电者腹部垫放柔软的垫物（如枕头等），这样，压背时会迫使触电者将吸入腹内的水吐出。

二、问答题

1. 人体触电的方式有哪些？

2. 触电的原因是什么？

3. 触电的症状表现为哪些？

4. 高压触电的解决办法有哪些？

第五单元
学生使用电器注意事项

使用电水壶注意事项

1. 注入壶内的液体至少应高于发热器最高表面几毫米，但不能超过规定的最高水位线；使用时必须先装水，后通电，切忌先通电，后装水；切勿用电水壶来煮带酸、碱、盐成分的东西，以免腐蚀壶体和发热器；电水壶不用时，要放置在干燥处，以免受潮而降低安全性能；电水壶在烧水过程中必须要有人看管，并放置在小孩触及不到的地方；把电水壶从其加热插座移开之前，要确保电源是断开的。

2. 使用时要经常除去电水壶上的水垢或其他污渍，否则影响电热器的热效率和寿命。

去除水垢的方法很简单，可在壶中放食醋，适当加些水，浸没有水垢的地方，然后接通电源，待食醋沸腾后切断电源，浸泡 10 分钟后取出。用布轻拭表面，污垢即可去除。

如果水垢较厚，可多浸泡几分钟，或再加热一次，即可完全去除。

3. 电水壶是应用电热管来加热水。电热管的加热部分位于壶内，而其导电端子却置于壶外，内外多以螺栓紧固连接，全靠衬垫于电热管与壶体间的胶圈实现密封和防漏。

尽管这种密封胶圈具备100℃以上的耐高温性能，但由于电水壶工作在高温状态，使用日久，胶圈仍会老化失去弹性，导致壶内水向外渗漏，造成电水壶胶木插座炭化、短路、壶体金属熔融、保险熔丝熔断等各类故障。

用户须在每次注水后通电前仔细检查胶木插座周围有无壶水渗漏现象。电源线导线紧固螺栓松动时，须及时紧固螺栓压紧胶圈防止渗漏；当密封胶圈因老化而失去弹性时，应立即更换新的耐高温密封胶圈，确保安全使用。

使用"热得快"注意事项

　　"热得快"是生活中常用的一种电加热器，可以用来烧开水、热牛奶、煮咖啡等，快捷而方便。"热得快"的加热螺圈通常是用一种较细的金属管绕制成的，管内装有电热丝，然后灌入氧化镁粉之类的绝缘材料，把电热丝封装固定在管中间，使它不与管壁接触。电热丝的两端再分别与电源线相接。通电后，电流从电热丝中流过，电热丝便发热。

　　如果把"热得快"浸没在液体中，热量通过液体很快散发出来，这样使液体很快被加热，而且也不会烧坏电热丝。如果让"热得快"在空气中干烧，热量不易散发，金属外管会很快烤焦，甚至烧红，管内的电热丝便会烧断。所以，使用时应先将"热得快"放入液体内，液体最少应淹没加热螺圈（手柄及电线不能浸入液体中），然后再接通电源。加热完毕，也应先断开电源，过一小会儿，待"热得快"温度降低后，再从液体中拿出，擦干收藏。

　　由于"热得快"中的电热丝是用镍铁合金制成的细丝，一般较脆、容易震断。因此，"热得快"不能剧烈震动，如果表

面有水垢或附着物，可用小毛刷轻轻刷掉，不要用硬物敲击或用小刀刮削。"热得快"一旦断丝便无法修复，只有换新的了。

使用热得快的具体注意事项

1. 因为热得快的功率一般在1500瓦左右，所以，使用时的电源线的型号不能小于1.5平方，且电源插座的插孔电流不能小于10安培。

2. 购买质量好的产品，有无报警警笛，包装完好，证照齐全的产品。不要图便宜，买个伪劣产品。据个人观察，容易损坏的，寿命短的，都是三两块钱买来的。

3. 使用前，一定要检查，是否有报警装置。线路是否老化，方法是否正确。

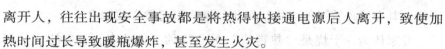

4. 使用时要将热得快完全浸入水中再通电。

5. 使用时，切记不要离开人，往往出现安全事故都是将热得快接通电源后人离开，致使加热时间过长导致暖瓶爆炸，甚至发生火灾。

6. 烧水大概15分钟左右，当热得快报警警笛拉响时拔掉插头，稍等1分钟让热得快冷却后取出，以便使热得快内的加热炉丝降温后再将热得快拿出来，以延长热得快使用寿命。

7. 水烧开后，请不要长时间沸煮。容易引起热导致水壶的水蒸发而变少，当水壶空时就会发生爆炸导致失火等危险。

8. 经常将热得快上面积存的水垢清洗，以免结垢过厚影响热得快散热，导致烧断加热炉丝。

9. 一旦有线路老化，使用中有燃烧塑料味，短路；电压忽高忽低时，请不要继续使用，立即扔掉。

用热得快热水，同用其他方法热水一样，目的是通过加热来灭菌，

人饮用灭菌后的水可以预防疾病，这是有利的方面；但是在加热的过程中，水也会失去一些微量元素等营养物质，或长时间加热导致重金属积累，热得快、电茶壶、热水器、饮水机……这些加热用具的差别，可能只在于微量元素失去的多与少，或能否在加热的过程添加一些营养物质。除此而外，还有加热的时间，一般水加热到80℃就已达到灭菌的目的，不宜长时间加热，否则会导致水中的重金属浓缩积累，会对人体造成伤害。所以，使用热得快时只要方法得当，是不会对人体有害的。

热得快导致安全隐患的原因

热得快为什么会成为人们生活中的安全隐患？大概有两个原因：其一，是产品质量的低劣。许多电器产品，尤其是小家电质量都良莠不齐，尤其是学生容易贪图便宜，购买质量不合格的产品，在使用时往往又不够重视。当前在售的"热得快"主要分三类：只有通电后加热功能的、水开后可鸣笛报警的、遇干烧自动断电的。其中大多数仅有一个塑料袋包装，没有标明生产厂家或安全警示。一旦发生故障或干烧，其金属外管可能会很快烤焦，继而引起爆炸或漏电。

专家认为，干烧是"热得快"最危险的工作状态，正规的"热得快"应具备全极断开非自复位装置或防干烧装置，质量好一点的产品还装有温控器，一旦温度过高会自动停止工作。由于市场占有量不大，且小企业生产居多，"热得快"的整体质量状况并没有完整的统计，国家也没有布置相关的抽查任务，但部分地区

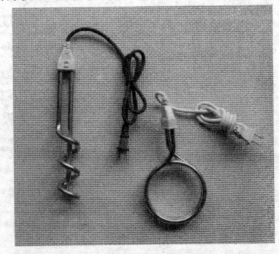

在突击检查时发现，其制作工艺简单，一些企业无证上岗、偷工减料，产品质量不尽如人意、隐患无穷。

国家家用电器质检中心曾在北京市场随机购买"热得快"进行检测，结果所有产品均不合格。这些不合格项目包括防触电保护、发热、非正常试验、机械强度、距离间隙、材料试验等指标，不仅与产品使用寿命有关，更是涉及防触电、防火灾等安全项目。

原因二，也是最主要的原因还在于大家对产品使用不当、不规范、不重视。许多粗心大意的事故就是这样发生的。

这不能不说是学生们的责任和过失。而家长、学校、社会都应从这个根本上引起重视，宣传教育为主，如果为了避免某样事情的不良反应的发生而不作为的话，新事物永远不可能诞生，而好的社会秩序也必然在人们的麻木中溜走。

使用电饭锅注意事项

1. 忌将电饭锅的电源插头接在灯头或台灯的分电插座上。因为一般台灯的电线较细，载流量小，并且容易老化，或遇热熔化。而电饭锅的功率较大，电流也大，会使灯线发热，造成触电、起火等事故。

2. 忌用电饭锅煮太酸或太咸的食物。因为电饭锅内胆是铝制品，用它煮太酸太咸的食品会使内胆受到侵蚀而易损坏。

另外，煮饭、炖肉时应有人看守，以防粥水外溢流入电器内，损坏电器元件。

3. 忌磕碰。电饭锅内胆受碰后易变形，内胆变形后底部与电热板就不能很好吻合，煮饭时受热不均，易煮出夹生饭来。所以，在使用时应轻拿轻放。

4. 电饭锅使用过程中不保洁的话，会使内锅底部与外表汇聚成一层氧化物，应把它浸在水中，用较粗糙的布擦拭，直到露出金属光泽为止。

外锅与电热盘切忌浸水，一旦米汤外溢或沾有水渍，应在断开电

源以后，用柔软织物抹净擦干，防止零件极度潮湿而锈蚀，或造成电路断路。

在清洁过程中，切勿使电气部分和水接触，以防短路和漏电。内锅清洗后，要用布擦干净，底部不能带水放入外锅内。

电饭锅的节电窍门：电饭锅是一种耗电量大的电炊用具，一般均是倒入米和水后，按下按键，让其饭熟后自动跳开。

为了节省电能，您不妨用以下方法：米锅沸腾 4 ~ 5 分钟后，用手指轻轻抬起按键（或拔掉电源插头），断开电源，利用加热板余热熬干米汤。随后再按下按键，待米熟后即迅速自动跳开，再焖 10 ~ 15 分钟，即可开锅食用。这样既可节约电能，米饭又比较松软可口。

使用饮水机注意事项

1. 饮水机应平稳置于室内阴凉干燥处，避免阳光直射；机背与墙壁相隔20厘米，底部勿垫泡沫或纸板等杂物，以免水分积聚导致漏电；机器旁禁止放置易燃易爆物品。

2. 饮水机必须使用有可靠接地的三芯插座，并配用动作可靠的漏电保护开关。

3. 接通电源前请先按压红色热水水龙头直至有水流出，避免干烧而损坏部件。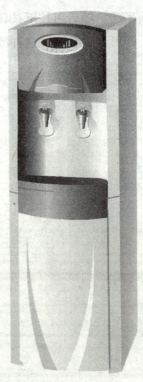

4. 禁止用插入或拔出电源插头的方式开停机，也不要任意加长电源线以免引起火灾。

5. 长时间不使用冷水或热水，有制冷和制热两种电源开关的饮水机可断开相应电源开关，电脑自动控制的饮水机可调节相应水温设置关闭制冷或制热功能以节省用电。

6. 饮水机长期不使用，请拔掉电源插头，通过排水口清除机内余水。

7. 清洁饮水机时，请勿使用汽油等有机溶剂擦拭机体，严禁用水冲洗机身。

8. 使用矿泉水时，请注意定期除垢清洗饮水机。

9. 对于压缩机制冷型饮水机，其制冷温控器已调好，请勿自行调动，另外断开制冷开关或电源后，须经过至少 3 分钟后才允许重新启动，在搬动饮水机时请勿倒立，倾斜不超过 45°，以免损坏机器或发生意外。

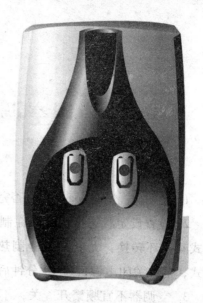

10. 对于带臭氧消毒柜的饮水机，由于臭氧消毒柜中是常温状态，不宜长期存放食物，只适合放置茶具、水杯之类，请消费者不要长期储藏食物。

使用空调注意事项

1. 使用前，先检查遥控器是否完好，电池是否合格，电量是否充足。

2. 检查设定状态指示是否在制冷（夏季）或除湿一挡。避免几种模式间循环转换，尤其是制冷制热之间，如不小心打到制热（夏季）模式，请先关闭电源，过 10 分钟后再重新启动。

3. 空调器不宜频繁开、关，不要因房间温度达到（或高于）要求值而经常地启动和关闭电源，而应当让空调通过温度控制器来调节。长时间不用时，要关闭电源，并取下电源插头，既安全又节能。

4. 控制好开机和使用中的状态设定，开机时应该设置制冷高挡位，以最快速度达到需求温度，当温度适宜时再改为标准温度和风速，利于减少能耗和降低噪音。

5. 空调使用应注意预防空调病。使用空调需经常开窗换气，开机 1 ~3 小时后关机，然后打开窗户将室内空气排出，使室外新鲜空气进入；室温宜恒定在 26℃ 左右，室内外温差不可超过 7℃，否则出汗后入室，会引起感冒。冷风出口不要直接对着人和办公桌，长期处于温度偏低的空调房间，容易引起关节酸痛。睡眠时，空调设定温度应提高 2℃。

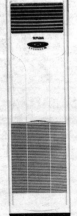

使用电动自行车注意事项

电动自行车是一种新型自行车，使用上与自行车有相同之处，也有很大的不同，下面我们就电动自行车使用中的注意事项予以详细说明：

1. 电动自行车的行驶里程由所用铅酸蓄电池决定，24V，12Ah电池组的一般行驶里程为25～30千米，可满足每天上下班距离20千米以内的用户需要，20千米以上的用户请选择36V，12Ah电池组。

2. 电动自行车完全依靠电力行驶时的最大时速小于20千米，应在自行车道行驶，保证安全。

3. 电动自行车加速较快，为保证您的安全，请在骑行稳定后再启动电机，以避免您在车流中手忙脚乱，切忌原地启动。

4. 电池完全放电时（控制器保护电路工作，没有电流输出），充满电需3～5小时，多充几个小时对电池更好，请务必选择优质充电器。

5. 电动自行车的加速手把有时不能完全回位,请养成加速完成后即将手把推回的好习惯。

6. 刹车时,电机的电流即同时切断,不必担心刹车时电机会继续向前冲;但一旦将刹车放开,如果这时加速手把还在加速位置,电机将立即得到电流前进,如果不希望这种现象发生,请养成加速完成后即将手把推回的好习惯。

7. 每次使用电动自行车之前,应检查轮胎气压是否充足,车把转向是否可靠,刹车是否灵活有效,电池箱的电气插座、插头是否松动、电池箱是否锁好。

8. 电动自行车不适合在凹凸不平或陡峭的路面行驶,如遇这种路面,请下车推行。

9. 冬天骑行时,请尽量采用全程脚蹬助力,这样既可使您的身体得到锻炼,不让您的腿脚部位受冻,又有利于延长电池的使用寿命(因为低温使电池组的容量下降,相同骑行距离,放电深度加大)。

10. 电动自行车的设计载重为 100 千克,所以请勿带人和带太重的物体。

11. 电动自行车虽然有良好的防雨性能,仍请避免直接日晒和雨淋。

12. 电动自行车的座位高度以骑行者两脚可以到地为准,保证安全。

13. 遇紧急故障时(如刹车失灵),应设法迅速下车,并将车辆放倒。

14. 电动自行车所用铅酸蓄电池属消耗品,其寿命只有

1～2年，寿命长短与用户的日常使用维护有很大的关系，一般来说，要注意如下几点：

（1）电池每次使用的放电深度越小，电池的使用寿命越长，所以不管使用多大容量的电池组，用户都应养成随用随充的良好习惯。

（2）电池需长时间放置时必须先充足电并定期补充电量，一般每1～3个月补充一次。

（3）大电流放电对电池有一定的损害，所以在起步和上坡时，请用脚蹬加以助力。

使用手机注意事项

手机对学生身体健康的危害，超过成年人。为了尽量避免这种危害，应掌握使用手机的一些注意事项。

1. 不要让 12 岁以下的小孩用手机，除非是紧急情况。事实上，正在发育中的小孩子对电磁波最为敏感。

2. 在打电话时，尽可能使手机远离你身体，每离 10 厘米波幅就减少 4 倍，而 1 米的距离可以减少 50 倍。因此尽可能用免提功能，或用距离 20 厘米的无线耳机，这比传统的有线耳机受到的电磁波辐射更小，蓝牙耳机也可以减少电磁波辐射。

3. 与正在通话的人距离 1 米以外，在地铁里，火车上或公交车上使用手机，会使你身边的人处于一个巨大的电磁波场。

4. 晚上不要让手机处于你身体附近（枕头下或书桌上都不可以），尤其是不要接近孕妇，或者就是让手机处于待机或关机状态，这样可以断绝手机散播辐射。

5. 使用手机时，经常换着耳朵听，等到对方接通电话后再把手机拿到耳朵旁边；电话信号不好，或正在快速移动时，如在汽车里或火车上，不要用手机。

使用手机充电器注意事项

1. 电池出厂前，厂家都进行了激活处理，并进行了预充电，因此电池均有余电，有朋友说电池按照调整期时间充电，待机仍严重不足，假设电池确为正品电池的话，这种情况下应延长调整期再进行 3～5 次完全充放电。

2. 如果新买的手机电池是锂离子电池，那么前 3～5 次充电一般称为调整期，应充 14 小时以上，以保证充分激活锂离子的活性。锂离子电池没有记忆效应，但有很强的惰性，应给予充分激活后，才能保证以后的使用能达到最佳效能。

3. 有些自动化的智能型快速充电器当指示信号灯转变时，只表示充满了 90%。充电器会自动改变用慢速充电将电池充满。最好将电池充满后使用，否则会缩短使用时间。

4. 充电前，锂电池不需要专门放电，放电不当反而会损坏电池。充电时尽量以慢充充电，减少快充方式；时间不要超过 24 小时。电池经过 3～5 次完全充放电循环后其内部的化学物质才会被全部"激活"达到最佳使用效果。

5. 请使用原厂或声誉较好的品牌的充电器，锂电池要用锂电池专用充电器，并遵照指示说明，否则会损坏电池，甚至发生危险。

6. 有很多用户常常在充电时还把手机开着，其实这样会很容易伤害手机寿命的，因为在充电的过程中，手机的电路板会发热，此时如果有外来电话时，可能会产生瞬间回流电流，对手机内部的零件造成损坏。

7. 电池的寿命决定于反复充放电次数，所以应尽量避免电池有余电时充电，这样会缩短电池的寿命。手机关机时间超过 7 天时，应先将手机电池完全放电，充足电后再使用。

8. 手机电池都存在自放电，不用时镍氢电池每天会按剩余容量的 1% 左右放电，锂电池每天会按 0.2% ~ 0.3% 放电。在给电池充电时，尽量使用专用插座，不要将充电器与电视机等家电共用插座。

9. 尽管手机在网络覆盖区域之内，但在手机关机充电时，手机已经无法接受和拨打电话了。此时，可以使用手机的未通转移功能，将手机转移到身边的固定电话上，以防止来电

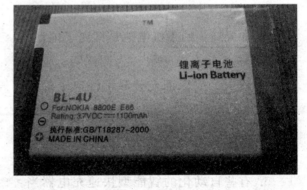

丢失，这种方法对于手机不在网络覆盖区域内或者信号微弱而暂时无法接通时也适用。

10. 不要将电池暴露在高温或严寒下，如三伏天时，不应把手机放在车里，经受烈日的曝晒；或拿到空调房中，放在冷气直吹的地方。当充电时，电池有一点热是正常的，但不能让它经受高温的"煎熬"。为了避免这种情况的发生，最好是在室温下进行充电，并且不要在手机上覆盖任何东西。

11. 镍镉（NiCd）电池充电前必须保证电池完全没电，再充电后必须保证电池充足电。

12. 如果手机电池放置太长时间而未用，最好到手机维修部门申请给电池作一个活处理，也可以自己用一个直流恒压器，调整电压为 5～6 伏，电流 500～600 毫安反向连接电池。注意，一触即放开，最多重复三次即可，经过这样处理后，再用原装充电器进行"调整期"充电。

13. 充电时不是时间越长越好，对没有保护电路的电池充满后即应停止充电，否则电池会因发热或过热影响性能。

14. 锂离子电池必须选用专用充电器，否则可能会达不到饱和状态，影响其性能发挥。充电完毕后，应避免放置在充电器上超过 12 小时以上，长期不用时应使电池和手机分离。

使用微波炉注意事项

1. 微波炉应放在空气流通的平台上，两侧及背面与墙壁至少有 5 ～ 10 厘米的距离，保证顶部排风口排气顺畅。

2. 勿放置于高温、潮湿的地方，勿靠近电视机、收音机等带磁场的电器。

3. 不能空烧：即微波炉工作时炉腔内不能无食物，否则会损坏微波炉。

4. 使用适当的器皿：抗热的玻璃制品或陶瓷制品、耐热的塑料制品、耐热膜；木制的碗、盘、柳条制的篮子、一次性纸餐盒，餐巾也可以在微波炉内作短时间加热。

5. 不可以使用的器皿：金属容器（包括内衬铝箔的软包装）、带有金属装饰条纹的玻璃和陶瓷器具、易碎的玻璃器皿、采用黏和技术制作的器具、内壁涂有彩色或油漆的各种容器。

6. 每次加热的食物不宜过多过厚。

7. 加热鸡蛋、板栗等带壳无孔的食物，应先刺穿，以防爆裂。

8. 使用保鲜膜覆盖加热食物时，需留有小孔；不能将密封的瓶子放在炉内加热，应将瓶盖打开，窄口瓶或缸装食品不可以直接加热。

9. 不使用微波炉时，必须将定时器旋转到"停"的位置。

10. 在使用烧烤型微波炉时，食物与加热管应保持一定的距离。

11. 在微波炉和烧烤过程中可随时打开炉门，检查或翻转食物。打开炉门时定时器停止旋转，微波炉继续加热。由于加热管温度很高，打开炉门时切勿用手触摸加热管，以免烫伤。要带上隔热手套，方可翻转或搅拌食物。

12. 冷冻食品需先解冻，再烹调，否则会出现食物外部已熟透而中间未解冻的现象。

13. 不宜将食品直接放在玻璃转盘上烹调，食品应放在合适的器皿中，再将器皿放在玻璃转盘上烹调。

哪些因素影响微波炉的烹调效果

1. 食物的初始温度：烹调食物的温度越低，所需要的烹调时间越长。

2. 食物的量：食物的量对吸收热量有很大的影响。通常食物量越少，加热时间越短；食物的量加倍时，烹调时间往往比原来增加1/3左右。

3. 食物的形状：形状比较规则的烧熟比较容易且均匀；通常食物的厚度在4厘米以下容易熟透。因此，应将食物切得规则一些。

4. 食物的密度：松软、多孔的食物比坚硬实心的食物烹饪速度要快。

5. 食物的水分：含水分多的食物加热速度快，烹饪时间短。

6. 食物的脂肪分布：

由于肥肉和瘦肉煮熟的时间不同，因此用微波炉烹调肉类时，将瘦肉和肥肉分开烹调，效果较好。

7. 食物的摆放位置：由于微波炉对边缘加热较快，所以厚的食物应尽量排在碟的边缘，小而薄的食物排在碟的里面，并在碟的中央留空，这样烹调效果好。

8. 盛放食物的容器：通常采用圆而浅的器皿加热速度较快。

9. 搅拌食物：烹调的食物较多时，必须进行搅拌，才能保证加热均匀。

如何利用微波炉解冻食物

1. 解冻前要拆掉捆扎食物的带子。

2. 包装冷冻食品的袋子要刺孔或破缝；除掉锡箔纸，放入容器内，不盖盖子。

3. 一次解冻的食品不宜太多太厚，否则造成外面已解冻，甚至煮熟，而内部尚未化冻。

4. 为了加快解冻速度，可在解冻过程中翻动或分离食物。

使用电熨斗注意事项

1. 电熨斗的电源一定要用三相插头，且必须有接地或接零保护装置。

2. 由于电熨斗的功率至少都是 300 瓦以上，因此必须选用较粗的导线连接电熨斗，以保证足够的容量。

3. 家庭电表要有足够的容量，一般 300 瓦的电熨斗需要 2.5 安的电表，500 瓦的电熨斗需配 3 安的电表，750 瓦的电熨斗需配 5 安的电表，1000 瓦的电熨斗则要配 10 安的电表。

4. 使用间隔时，要竖立放置电熨斗，或放置在铁块、陶瓷等绝热材料上，以免引燃物品。

5. 收藏时要保护好电熨斗连接线，以防折断漏电。

6. 使用时，不要让小孩接近，以防小孩触摸烫伤。

7. 用完后要等电熨斗自然冷却后才可以收藏。

使用洗衣机注意事项

1. 每一两个月检查洗衣机的底座脚垫。

2. 不定期打开洗槽盖让槽内晾干，以防止霉菌滋生。

3. 在长期不使用洗衣机时应将电源插头拔下。

4. 洗衣机的控制面板及靠近插头部分，应尽量保持干燥；若发生漏电情况，就是电线部分已经受损，应立即找人维修。接地线不可接在瓦斯桶或瓦斯管上，以免发生危险。

5. 每次洗完衣服后，清理丝屑过滤网以及外壳，但请勿使用坚硬的刷子、去污粉、挥发性溶剂来清洁洗衣机，也不要喷洒挥发性的化学品如杀虫剂，以免洗衣机受损。

6. 长期使用洗衣机，注水口易被污垢堵塞，减低水速，因此须彻底清理，以免造成给水不良或故障。

7. 洗衣机请勿靠近瓦斯炉，点燃之香烟及蜡烛也请勿靠近洗衣机。

8. 洗衣物若沾有挥发性溶剂时，请勿放入洗衣机，以防止火灾或气爆发生。洗衣时，请先清除口袋内的火柴、硬币等物

品，并将衣服拉链拉上，以防止洗衣槽损坏。

9. 请勿让洗衣机超负荷运转，若长时间运转则可能发生异常（有烧焦味等），须立即停止运转并拔掉电源插头，请尽快与当地服务站或经销商联系。

10. 脱水槽未完全停止前，手勿触摸。

11. 请勿让小孩爬入洗衣槽内，以免发生危险。

12. 安装接地线、排水管换边或检修洗衣机时，请先拔掉插头，以保安全。

单元练习

一、填空题

1. 电水壶在烧水过程中必须要（　　），并放置在小孩触及不到的地方；把电水壶从其加热插座移开之前，要确保（　　）是断开的。

2. 饮水机长时间不使用冷水或热水，有（　　）和（　　）两种电源开关的饮水机可断开相应电源开关，电脑自动控制的饮水机可调节相应水温设置关闭（　　）或（　　）功能以节省用电。

3. 电池完全放电时（控制器保护电路工作，没有电流输出），充满电需（　　），多充几个小时对电池更好，请务必选择（　　）。

二、问答题

1. 使用电饭锅的注意事项有哪些？

2. 使用电熨斗时的注意事项。

3. 怎样避免饮水机引起火灾？

第六单元
学校安全用电常识

学校安全用电制度

1. 电工人员在施工中要严格按照操作规程作业，确保人身安全。

2. 落实安全用电责任制。学校要对全校师生进行安全用电和节约用电宣传教育，电工人员要经常检查线路的负荷情况，防止电源超负荷引起火灾。如发生偷电或高功率用电的用户，要及时制止并向学校有关人员报告，以便及时处理。

3. 如发生供电故障，有关电工人员要负责及时维修，万一发生重大用电事故，要及时赶赴现场处理，并立即向学校有关上级汇报，以便采取措施，使损失控制到最低程度。

4. 明确责任，严处肇事者，如发生因失职而引起的用电事故，要追究有关电工人员的责任。

5. 每一位师生都要自觉遵守安全用电制度，严禁偷电，严禁使用电炉等各种高功率电器，严禁各种违章用电，严防事故发生。

6. 遇到校外电网运行故障造成的停电，或消防需要应及时启用校内发电设备。

学校节约用电制度

1. 尽量使用自然光照。各行政办公室、教师办公室、教室、宿舍、厕所、走廊等场所要充分利用自然光照，减少使用照明设备。走廊楼道等公共场所的照明设备要根据作息时间及时关闭，坚决杜绝"白昼灯"和"长明灯"现象。

2. 及时关闭电源。电脑、打印机、空调、电风扇、多媒体等电器的使用要尽量减少待机消耗，离开时间较长或下班、休假时要及时关闭电源。

3. 学校静夜时间，学校统一熄灯时间。

4. 各个地区，办公场所、活动区域要找出负责人，来负责用电监督。

5. 学校静夜时间保安负责关闭除路灯之外的一切需要关闭的用电设备，并对全校的用电工作进行检查。

少开一盏灯节约一度电
科学用电，节约用电

校园安全用电规定

1. 禁止学生在教室和寝室私自接线、使用"热得快"烧水、在空调插座上取电、在寝室、教室给应急灯充电、使用"暖手宝"、在教室插座上取电、空烧饮水器等。

2. 除学校统一安装的电器外，未经同意，任何人不得私自安装其他电器或改装原电器，禁止学生在寝室更换大功率灯泡。

3. 严格按照电器设备使用办法，特别要禁止学生私拆封条强行启动空调和违反程序操作教室电脑。如确实发现电器质量问题，应立即联系总务处，由专业人士维修。

4. 教师应以身作则，发挥榜样作用，坚决抵制"三无"电器和存在严重安全隐患的各类电器，特别是电热板。

5. 全体师生应爱护学生电器设备，按照使用说明正确操作，做到

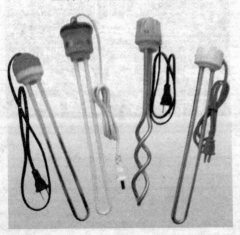

节约用电和充分利用资源相结合，应及时关闭电灯、饮水器、空调、电脑等。

6. 对学生寝室、教室内违使用的各类电器，全体教职工应立即予以制止，并没收电器，根据情况轻重予以行政处分，包括取消住宿资格、空调使用资格、参加学校夜自习资格、各类优秀

评比资格等，品德考核降级。如造成损失，该学生承担全部责任。所有处分直接影响班级考核。

7. 对发现违规用电情况，不制止、不处理、不举报，甚至纵容和包庇的人员，同样予以严肃处理。

案例一

2004 年 10 月 2 日晚 8 时 25 分许，某高校一公寓 301 宿舍发生一起火灾事故，致使配置给该舍使用的箱子架、物品柜等设施因火灾被损，另有价值 5000 余元的学生个人财物被烧毁。经查这起火灾事故是有同学违反学生公寓管理制度，在宿舍内私自使用大功率电器时而造成的（寝室当时无人）。具体原因是：插在主接线板的电热杯放在箱子架顶层，水烧干后自燃，并引燃临近的易燃品，如箱子架上所放的书籍、衣物、被子等，最终酿成火灾事故。

案例二

2002 年 1 月 4 日晚 9 时许，某高校一公寓 523 宿舍发生一起火灾事故，致使配置给该舍使用的长条桌、物品柜等设施因火灾被损，另有价值 4000 余元的学生个人财物被烧毁。经查这起火灾事故是由于该舍两名同学将应急灯长时间充电 13 个小时，寝室当时无人，使蓄电池过热，引燃桌下纸箱内的易燃物而造成火灾。

案例三

2001 年 11 月 3 日下午，某高校一公寓 504 宿舍发生一起火灾事故，致使配置给该舍使用的照明、床板、物品柜等设施因火灾被损，另有价值 1 万余元的学生个人财物被烧毁。该公寓住的全部是女生，火灾发生时该舍无人。经查这起火灾事故是人文学院两名女学生违反学生公寓管理制度，将烧水的"热得快"放在暖壶里烧水，人走时忘断电源以致酿成火灾。

案例四

1996年暑假后刚开学不久，某高校计算机科学与工程学院的一位女生违反学生公寓管理规定，擅自在宿舍用酒精炉做饭。在添加酒精时发生意外燃爆，导致同舍的另一名女同学烧成重伤，药费高达2万余元。此事给他人和自己精神和身体上造成很大的痛苦。

从上面的案例可以看出，少数大学生思想上忽视学校的防火安全制度，法律意识淡薄，造成了火灾事故，危害了公共安全。一个没有责任感的人是不可能有所作为的，上述案例中违纪学生，都已受到学校严厉的纪律处分。

公安消防部门和国家教委对高校火灾事故的历年通报显示：近几年全国高校所发生的火灾事故的数量，经济损失，对教学科研的破坏程度及给师生员工造成的生活负担等方面，是逐年上升的。因此搞好消防安全是保证高校稳定发展的一项重要工作。

各高校领导对安全预防工作十分重视，经常强调安全工作的重要性，要求不断提高师生的安全意识，加强安全管理的力度。

古训有"天下兴亡，匹夫有责"。防范火灾，保护我们共同的家园也是每一位师生员工的共同责任，让我们每个人都肩负起防火安全的责任，从思想上树立牢固的消防安全意识。从我做起，从现在做起，构筑一道防范火灾的钢铁长城，共同创造一个安全、稳定、和谐的学

习、生活环境。

学生是国家的未来和希望。保护国家、人民和公共财产的安全，保护他人和自身的安全，已成为当代大学生的神圣权利和义务。了解、学习和掌握防火知识，协助学校做好防火工作，减少和杜绝火灾事故的发生，保障安全，是实现上述权利和义务的重要方面。

如果火灾不断，危及人身和财产安全，又怎能顺利完成大学期间的学习任务，继而担当起建设祖国的重任呢？因而，学习、掌握一些防火、用电的基本道理和常识，对于维护学校和同学们个人的安全，是十分必要的。

实验室用电注意事项

为防止重大安全事故的发生、维护广大学生与教师的根本利益、保证电子信息教学实验中心的实验室教学工作的顺利进行，电子信息教学实验中心特别重申以下实验室用电安全注意事项，请广大学生与教师务必遵守。

1. 认真遵守电子信息教学实验中心各实验室管理条例。

2. 学生不得自行开关实验室总电源。

3. 学生不得随意拆装实验室仪器。

4. 实验室仪器后盖面板上的电源接插座、插头、保险丝座为高电压区域，严禁随意拆装。

5. 密切注意各实验室中装备、仪器、操作台等部位的高压标记，严禁双手触摸。

6. 严禁带电进行接线、调整电路元件等操作，电路搭接与元件插拔等操作应保证在切断电源的条件下进行。

7. 在进行接线、调整电路元件等操作时，即使在知晓电源已切断的情况下，也必须先以单手手背先试探性地触碰一下实验对象，以确认实验系统绝对不带

电，然后方可以手指（手心一面）触摸实验系统（如果手背触电，则被弹开；而如果手心触电，则被紧握，无法松开）。

8. 电烙铁的使用必须限制在实验室内规定地点，使用结束之后必须将烙铁插头拔出电源插座。

9. 电烙铁应仔细摆放，严禁将烙铁头接触电源线，严防触电事故发生。

实验室安全事故紧急预案

　　为最大限度地减少因安全事故引发的人员伤亡与财产损失，维护广大学生与教师的根本利益、保证电子信息教学实验中心的实验室教学工作的顺利进行，电子信息教学实验中心特别制定以下实验室安全事故紧急处理预案，请广大学生与教师务必遵照执行。

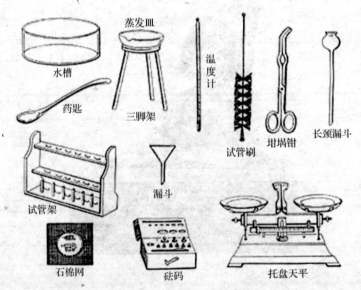

水槽　蒸发皿　药匙　三脚架　温度计　试管刷　坩埚钳　长颈漏斗　试管架　漏斗　石棉网　砝码　托盘天平

用电安全事故紧急预案

1. 如果不慎触电，应立即告知周围同学或老师，以寻求帮助。

2. 如果得知附近的同学触电，应立即告知老师和其他同学，但决不可触碰已触电同学，以免伤亡事故扩大。

3. 如果得知有人触电，实验指导教师应以最快速度拉断实验室总电闸门。如果实验指导教师距离实验室总电闸门较远，则应该告知距离实验室总电闸门最近的同学，尽快拉断实验室总电闸门。

4. 拉断实验室总电闸门后，实验指导教师尽快通知实验中心器材室。

5. 实验中心主任、实验指导教师及实验中心管理人员尽快通知急救中心（电话"120"），以实施救助。

6. 在整个触电事故处理过程中，广大同学要保持秩序，切忌慌乱，以免事故损失的扩大。听从老师的指挥，协助做好事故处理工作。

教室用电注意事项

养成学生爱惜能源、有效使用能源的正确观念态度与习惯，以培养具有能源素养的现代化公民。

用电注意事项

1. 自觉遵守安全用电规章制度，禁止私拉乱接电线。

2. 电灯线不要过长，灯头离地面应不小于 2 米。灯头应固定在一个地方，不要拉来拉去，以免损坏电线或灯头造成触电事故。

应随手关闭电源，各班班长或由专门的负责人在每天放学时详细检查。

3. 教室电源插座仅供教学使用，如教师用麦克风、投影机等教学用具、严禁学生私接用电（如收音机、吹风机、电话等）。

4. 加强节约用电，无需用电或照明的时间，各班应节约能源，关闭电源，如课间、室外课或在专任教室上课，值日生应负责关闭教室的日光灯及风扇。

5. 专门教室用电应该在离开之前做详细检查，并且关闭所有电源开关。各办公室空调应该在每日上午十点以后且室温超过 28℃ 时才可打开，下午四时以后一律关闭。

请随手关灯

QING SUI SHOU GUAN DENG

6. 教室电风扇应节

省使用，使用时须将教室所有窗户打开让空气流通，并且应以微风为适合宜，开强风比开弱风多用50%～60%的电力，教室如果只有一两位学生在时应关闭所有电风扇。

7. 走廊、楼梯、公共场所非必要时请勿打开电灯，请所有同学协助关闭，各班负责打扫的同学应该随时坚持。

8. 负责打扫厕所的班级，应该经常留意厕所电灯是否关闭。

9. 已损坏的灯管应先拆除后立即更换、闪烁灯管更为费电。

10. 发现落地的电线，离开10米以外，更不要用手去拾。同时，要设法看护落地电线，并请电工来处理，以防他人走近而发生触电。

11. 电器试用前应对照说明书，将所有开关、按钮都置于原始停机位置，然后按说明书要求的开停操作顺序操作。如果有运动部件如摇头风扇，应事先考虑足够的运动空间。

12. 电器通电后发现冒火花、冒烟或有烧焦味等异常情况时，应立即停机并切断电源，进行检查。

13. 移动电器时一定要切断电源，以防触电。

14. 禁止用湿手接触带电的开关；禁止用湿手拔、插电源插头；拔、插电源插头时手指不得接触触头的金属部分；也不能用湿手更换电气元件或灯泡、灯管等。

电化学教学中安全用电

在电学教学中学生的用电，意外随时都会发生。为了避免意外的发生，教师要把用电安全放在首位。使学生安全，实验设备安全，这样实验才能顺利地进行。

了解电流对人体的伤害

触电主要是指电流流经人体，使人体机能受到损害。人体对流经肌体的电流所产生的感觉，是随电流的大小而不同，伤害程度也不同。

1. 人体流过工频 1 毫安或直流 5 毫安电流时，人体就会有麻、刺、痛的感觉。

2. 当人体流过工频 20 ~50 毫安或直流 80 毫安电流时，人就会产生麻痹、痉挛、刺痛，血压升高，呼吸困难。自己不能摆脱电源，就有生命危险。

3. 当人体流过 100 毫安以上电流时，人就会呼吸困难，心脏停搏。一般来说，10 毫安以下工频电流和 50 毫安以下直流电流流过人体时，人能摆脱电源，故危险性不太大。

电压越高，危险性就越大。一般人体电阻为 1000 欧左右，人体皮肤随着条件的变化，人体电阻也在很大范围内变化。人体允许电流为30 毫安时，根据欧姆定律，I = U/R 可得，U = IR = 30 毫安 × 1000 欧姆 = 30 伏，这时人体能够承受的电压为 30 伏，超过 30 伏人体将受到电击，当人体电阻发生变化时，如：皮肤潮湿、多汗、有损伤、带有导电粉尘等，人体电阻值降低为 500～650 欧姆，这时人体能够承受的电压为 U = IR = 30 毫安 × 500 欧姆 = 15 伏。一般情况下人体通过 10 毫安以上的电流就会有危险。

因此，要使通过人体的电流小于 10 毫安，若人体电阻按 1200 欧姆计算，根据欧姆定律：U = IR = 10 毫安 × 1200 欧姆 = 12 伏。如果电压小于 12 伏，电流就小于 10 毫安，人体是安全的。我国规定：特别潮湿，容易导电的地方，12 伏为安全电压。如果空气干燥，条件较好时，可用 24 伏或 36 伏电压。一般情况下，12 伏、24 伏、36 伏是安全电压的三个级别。

了解触电的原因，掌握安全用电的原则

触电事故的发生，虽然没有任何预兆，但却都有其必然的内在原因：

1. 产品质量的缺陷

虽然国家对各类家用电器及工业电器规定了严格的质量标准，尤其在安全性能方面要求十分明确，根据电器使用环境，人体是否能接触到，使用时是否必须与人体接触等，分别规定了不同的安全电压等级。但在实际生产中，仍有不少产品存在一些设计和制造工艺上的缺陷，使一些电器产品的泄漏电流偏大，造成漏电事故，严重时可能引起触电的危险。

2. 产品使用不当

有些电器用户没有按产品说明书的规定和要求安装和使用设备，如接线错误，该接地的电器外壳没有接地，当电器设备老化、绝缘破损，环境恶劣（潮湿、温度高、灰尘大、有腐蚀性气体）时，仍坚持

使用，都可能发生触电危险。

3. 线路或设备安装不合规格

如架设临时线路时，用竹竿代替电杆，或线路架设过低，人通过时易碰断，引起触电。或架空线路拉线未加绝缘垫子，使拉线带电，人摸拉线而触电。

室内、室外线路对地距离、导线之间的距离小于允许值。收音机，电视机的天线、电话线架设时离电力线相距太近，若遇风雨天，断线后与电力线接触，造成大面积的伤害。有些地区为节省电线而采用一线一地制送电，收线时易引起触电。

灯口的绝缘部分破损，开关错接在零线上，或吊灯线太长，拉来拉去，外皮破损，造成触电。

插座安装位置过低，易被好奇的孩子摸到造成触电，室内布线使用了破旧电线，而接头处未用绝缘胶布包好；或用铁钉代替夹线器固定电线，都可能造成触电事故。

4. 用电设备不合要求

电器设备内部绝缘损坏，金属外壳又未加保护接地措施或保护接地线太短、接地电阻太大、甚至无接地线、失去保护作用。开关、熔断器误接在中性上，一旦断开，就使整个线路带电。

5. 违反操作规程，不懂安全用电常识

在室内乱拉电线；随意加大熔断器熔丝规格；在电线上或电线附近晾晒衣物；未断电源移动家用电器等。

总之，触电原因虽然很多，但主要是因为人体直接或间接接触了带电体、或靠近了高压带电体，而造成触电事故。因此，为了预防触电事故的发生，必须针对触电的原因，制定一些用电安全措施。

正确引导学生安全用电

学生在用电方面属于弱势群体，潜意识不知道用电安全，他们的安全意识都很差，也不知道防范，虽然广播电台随时都有报导用电不慎发生的安全事故及电死人的情况，但大多数学生都没引起注意。也不知道怎么注意。原因有如下几种：

1. 学生好动，特别是男生对什么都感兴趣，但他们又不具备用电的安全常识，也不具有电子实验的理论知识，当他们知道用电器通电后就可以工作时，会不分实际情况，不管电压高低，交流还是直流，全不在乎，都会把电器接上，这样是很危险的。例如，一次有学生用电容器的两极插入交流电插座上充电，取出后进行放电，并发出响声，觉得好玩不知危险；庆幸的是当时学生用的不是耐压为 220 伏以下的电容器，也不是电解电容，否则后果不堪设想。

然而，当有些学生知道有人被电击，用电有危险时，就产生了恐惧心理，从此不敢用电。以上情况的发生都是对用电不了解，一旦遇到不规范的电力布线或不合格的家用电器都将酿成安全事故。

2. 有些学生的家住在农村，为了方便，乱拉乱搭电线，采用一线一地制的现象时有发生，用电极不规范。有些村民为了节约钱，买一些不合格的家用电器使用，对家人的安全也会造成威胁。

所以，正确引导学生安全用电，是物理教学中的重要环节，要使学生知道安全用电规则，选择合格的材料，采用正规的操作方法，以保证自己和家人的安全。

遵守安全用电原则

为了让学生了解更多的用电安全常识，教师应从实际出发，结合教材，制作安全用电的多媒体课件。可以用动画、影像的形式模拟触电、单线触电、双线触电、高压触电等电击现象，以及遭电击后的施救方法。使学生对触电过程有更进一步的认识。

例如，学校的电子实验台虽说都是专门定做的，但在使用前都要对设备、设施进行全面检查；检查导线有无破损，开关接触是否有问题，保险是否合格安全，漏电保护开关是否起作用等。

实验前，教师要先给学生介绍电子仪器，区分强电与弱电的颜色标志。因为规范用电是有颜色规定的，一般情况红色区域为强电，只能用于接220伏以上的用电器。如电烙铁、电动机等。黑色区域为36伏以下的安全电压，可作为电子实验用的低压电源。

电器使用前要进行漏电检查，对一些长期没用的仪器在使用前也要进行全面的检查。在用电方面要多一点用心，我们就会多一分安全。

宿舍内严禁使用违章电器

1. 为了大家的生命财产安全，宿舍内严禁使用违章电器、劣质电器、非安全电器器具（如热得快、电炉、电茶壶、电热褥、电取暖器、电熨斗等）、无3C认证产品，及其他危害公共安全、不适宜在集体宿舍内使用或未经管理部门批准的功率大于200瓦的其他电器设备。

2. 发现拥有违章电器，在责成当事人上交书面检查的同时，对违章电器进行代保管；发现正在使用违章电器，或有明显证据表明学生曾使用违章电器，在对当事人进行教育、责令写书面检查后，对违章电器代保管，同时向学校上报违纪处理建议。

特别提示：由于学生公寓是人口高度密集的场所，宿舍内易燃物品很多。往往有极少数人为了贪图方便，而置公共安全于不顾，这是一种极其危险的行为。希望广大同学对这种严重危害公共安全的现象，及时制止或报告学校宿管部门。

宿舍安全用电常识

1. 认识了解电源总开关，学会在紧急情况下切断寝室总电源。

2. 不用手或导电物（如铁丝、钉子、别针等金属制品）去接触、探试电源插座内部。

3. 不用湿手触摸电器，不用湿布擦拭电器。

4. 电器使用完毕后应拔掉电源插头或关闭接线板上的开关；插拔电源插头时不要用力拉拽电线，以防止电线的绝缘层受损造成触电；电线的绝缘皮剥落，要及时更换新线或者用绝缘胶布包好。

5. 发现有人触电要设法及时关断电源；或者用不导电物（如干燥的木棍等）将触电者与带电的电器分开，不要用手去直接救人，以防触电。

6. 不随意在寝室内更改、拆卸、安装电源线路、插座、插头等，也不要把铁钉等硬物凿入墙面，以防发生电线短路、触电等意外事故。

7. 电源接线板不应放在床上，应放在书桌安全处，周围不要有易燃物品，也不要将接线板放在小杂物容易跌入或容易被水侵入的地方，电线不要与床架等金属物接触。接线板上不能接过多电源插头。

8. 不要使用无 3C 认证的电器产

品，不使用劣质电器。

9. 不要超负荷用电。

10. 严禁私自跨寝室、跨宿舍进行计算机联网或在公共网络线上私拉乱接，禁止使用计算机玩游戏、看影视碟片及从事其他与学习科研无关的活动。

学生用电事故案例

案例一

学生触电溺水死亡事故

2005 年 7 月 13 日 13 时许，象州县初级中学的丘某、覃某、黄某、涂某、叶某、余某、谢某等 7 名学生，结伴到柳州市内河货运公司象州港务所码头趸船附近游泳。游泳过程中，叶某用手拉拽距离水面很近、由码头上方斜跨到趸船上的一根裸露电线时遭到电击，同时由于水的传导原因，一起游泳的丘某、覃某、黄某、余某、谢某等 5 人也遭电击。岸上的涂某见状，立即呼喊救命。正在趸船上睡觉的值班人员韦善理听到呼救声后跑了出来，把裸露电线移开，救起丘某（已经触电身亡）、余某、谢某、叶某等 4 人，黄某、覃某 2 人则沉入水中。第二天，黄某、覃某的尸体被打捞了上来。事后，司法鉴定机构证实，丘某、黄某、覃某 3 人均系电击后溺水死亡。

案例二

2006 年 3 月 17 日下午 4 时 30 分，江苏省沭阳县某初级中学放学后，该校 16 岁的学生李国强与一名同学一起到校外孙建国经营的轮窑厂内玩耍。见窑厂内有座较高的土堆，李国强就从土堆下面往上攀爬，不慎被离土堆较近的高压电线击伤（事发时无相关警示标志）。李国强受伤后住院治疗 28 天，经诊断为"头部及左大腿三级电烧伤"。

案例三

6 月 28 日下午，河北省某大学宿舍内发生一起学生因私接电线引发的触电事故，学生张然（化名）当场触电身亡。

张然所在的宿舍楼属于老式楼房，学校为了统一用电管理，规定在校学生不得在宿舍内使用电器，所以室内就没有安装外接用电插座。6月28日下午，张然下课后回到宿舍在自己的床铺上自习功课，因学习时需要用到手提电脑，为节省手提电脑电池的电量，他就找出两根铜芯电线，准备从头顶上的吊扇电源上引出电线作为手提电脑的电源。在其从吊扇电源处往外接线的过程中，不小心左手拇指和中指同时接触到了两根电线的外露铜线头部分，强大的电流瞬间将张然击倒在床。同宿舍内的另一名同学见状，立即拨打"120"急救电话。"120"急救医生急速赶到现场进行了抢救，然而这一切都未能挽回张然的年轻生命。

案例四

某职业技术学院一学生宿舍楼突发大火，楼内几间宿舍的学生，被浓烟困在房内，无法逃离火场。消防队员赶到后，迅速排除了险情。

下午3点多，消防队员接到报警后，立即赶到职业技术学院，进大门向右拐约50米，眼前一幢大楼的5楼窗户，正冒出滚滚浓烟。

学校工作人员说，这是幢女生宿舍楼，起火的位置在5楼，是学校英语专业的女生宿舍。发生火灾时，起火宿舍里并没有人。火灾发生后，他们展开自救，但水压不够，难以奏效。因为天冷，许多学生都在宿舍内，他们已经把逗留的大多数学生都疏散了出来，但5楼、6楼的烟太大，里面还有一些学生被困在宿舍内。

消防队员立即分成两路，一路救火，另一路队员立即冲上5楼、6

楼，展开搜救，将十几名被困的女生引到安全地带。

案例五

某日傍晚，一高校内的男生寝室发生火灾，所幸没有造成人员伤亡，火灾可能因寝室内充电的电器未及时拔下所致。2009 年 4 月 28 日，位于浙江广播电视大学工商学院男生寝室突发火灾，也是因用电不慎引起。2008 年 11 月 14 日早晨 6 点多，位于上海中山西路的上海商学院学生宿舍发生火灾，四名女生从 6 层楼高的宿舍跳楼逃生，不幸全部身亡。后经查明，火灾因寝室里使用"热得快"引发电器故障并将周围可燃物引燃所致。

对此，消防部门希望各高校进一步加强学生寝室消防安全管理，坚决杜绝违规使用电烧水、取暖器具、接线板用电超载、电脑挂机常开以及人走充电器继续使用的现象。

案例六

杨浦区一位 20 岁的中专生在家玩电脑时，遭电击身亡。死者被发现时双脚搭在电脑主机箱上，半边身体发紫。警方初步认定这是一起意外触到电脑电源的死亡事件。

死者戴杰（化名）是一位上海籍中专在校学生，将于明年毕业，事发时正在位于政立路 580 弄的家中度暑假。

警方接报赶到现场，经过调查初步认定"戴杰为意外触电死亡，死者在使用电脑时，脚触到电脑电源，导致电击身亡。"

专家表示，正常情况下，电脑很少出现漏电现象，而电脑使用者一般只会接触到键盘等电压较低的设备，不会伤害人体，"不过，电脑显示器和主机的部分区域电压较高，使用者要注意用电安全。"

案例七

2004 年 3 月 1 日下午 1 点 20 分，小学二年级学生李越、赵结两人放学后抄小路回家，看见一根拉线掉在路边，9 岁的李越顺手拿起拉线摇晃，由于用力较大，拉线碰到 10 千伏线路转角杆跳线，李越当即被

电弧击中，四肢，面颊受到不同程度的烧伤，赵结闻讯拉开李越时手指也被电弧烧伤。其中，李越伤势较重，在靖西医院留医治疗长达1个多月。

这个例子告诉我们要爱护电力设施，发现隐患或故障要及时向供电部门报告，告诫小孩千万不要玩耍电力设施，避免类似事故再次发生，保证人身和设备安全。

案例八

一个晴朗的中午，某小学的学生们排着队放学回家。一个顽皮的男学生突然离队，向路边一工地铁棚跑去，用双手去拍铁棚，想拍响玩玩。谁知就在他双手碰触铁棚的瞬间，只听他惨叫一声，倒在铁棚下。这时正是下班的时候，有人见到忙跑到工地将电源断开。这时，经检查小孩已经死亡。

事故发生后经调查，铁棚线路和设备均未发现问题，问题出在从铁棚引出的一条照明线路上。该条线路经常移动的一段导线已经磨破，

并与铁棚接触，接触部位有烧伤的痕迹。这起事故提醒我们，一定不能在工地玩耍随意触摸。

案例九

这个案例发生在暑假。一天，温岭的杨女士因事外出，将10岁的女儿独自一人留在家中。几分钟后，杨女士回家，她被眼

前的一切惊呆了，女儿倒在运转着的落地式风扇前。送到医院后，抢救无效死亡。后经证实，杨女士女儿是因为电风扇旁的多用插座漏电致死。

不少家庭在装修房间时，只考虑到使用的方便性，而没有顾及到安全性问题，比如随处可见的电插头。孩子天生好动又好奇，电器插头之类更容易引起他们的"关注"。应尽量隐蔽所有电器开关，或在插头上加上保险盖。一些常用的小型电器，如收音机、单放机等，最好使用干电池电源，减少使用危险。另外，应避免使用落地电器，防止孩子绊倒后发生触电事故。

一旦发生孩子触电的意外事件，及时做人工呼吸，同时注意孩子的胸部是否随之起伏。如果没有起伏，则应用手把孩子的下颌托起，使孩子头向后仰。人工呼吸时要使孩子的胸部连续起伏，直到孩子恢复自主呼吸为止。同时，应尽快联系急救中心抢救。

案例十

1994 年，某小学未经有关部门审批，在学校教学楼边建造配电房。配电房土建工程委托温州市电力实业总公司鹿瓯龙分公司设计、施工、验收。配电房于同年 8 月底完工。因配电房外没有设置危险警示标志，配电房开启式窗户窗台距离地面高度仅 1.05 米，且窗户未按规定设置保护性网罩，配电柜门没有上锁，留下安全隐患。

同年 9 月 9 日上午 9 时许，缪某某在课间休息时玩捉迷藏游戏，从配电房的窗户（未关闭）爬入配电房，并打开配电柜的门进入配电柜，结果被高压电击伤。经治疗右手前臂截肢，左手畸形功能障碍，全身 Ⅱ、Ⅲ 度灼伤多处，面积达 27%，伤残等级鉴定二级。

案例十一

2011年3月20日中午，河北省一个在机场路小学上五年级的11岁男孩小鹏（化名）和父母告别，离开家前往学校上学。未成想，小鹏这次离家，竟成为和父母的永别。

当日15时40分许，小鹏的父亲王士谦接到孩子数学老师的电话，称小鹏已被送往医院抢救。当王士谦夫妇赶到河北省人民医院时，爱子已离开人世。小鹏的母亲高女士跪趴在儿子的遗体上，放声痛哭。

"中午还是活蹦乱跳的，怎么说没有就没有了？"王士谦声音沙哑。

机场路小学另有一四年级的女孩触电。好在女孩的伤情不太严重。

据该家长称，他孩子回家描述，第一节课间（15时15分）学生做眼保健操。班主任在后面发现小鹏未好好做，便罚他擦桌子。小鹏拿抹布到洗手池洗抹布，经过洗手池附近的告示牌时不幸触电。第二节课课间，另一女生在同一地方触电。

单元练习

一、填空题

1. 学校要对全校师生进行安全用电和节约用电宣传教育，电工人员要经常检查线路的（　　　），防止电源超负荷引起火灾。如发生（　　　）或（　　　）的用户，要及时制止并向学校有关人员报告，以便及时处理。

2. 除学校统一安装的电器外，未经同意，任何人不得私自（　　　）或（　　　），禁止学生在寝室更换大功率灯泡。

3. 实验室严禁带电进行（　　　）、（　　　）等操作，（　　　）与（　　　）等操作应保证在切断电源的条件下进行。

二、问答题

1. 学校的节约用电手段有哪些？

2. 在实验室触电以后应该采取哪些急救办法？

3. 在宿舍内怎样防止触电？

第七单元
安全用电主题活动

活动目的

通过开展专题队会，让队员学会队会的活动议程。以安全教育为主题，进行安全用电教育，使我们的队员了解和学会安全用电的常识，做到安全、节能，防止用电事故的发生。通过开展队会，让队员在喜乐见闻的形式中掌握知识，锻炼各方面的能力，增强班级的凝聚力。

从历年发生的触电死亡事故来看，不懂用电知识，发生的触电死亡事故占二分之一。因此当前安全用电的宣传工作是非常重要的。我们认为安全用电应从学生抓起，因为各家各户都有学生，可以依靠学生宣传安全用电常识。因此我们设计了"安全用电与家庭电路"的综合实践活动。

通过调查收集资料和讨论，让学生列举家庭用电与公共用电的事实；列举常见的触电现象，并加以归纳分类；寻找用电中的安全隐患；总结归纳出当前安全用电的注意事项。

教育学生要珍惜生命，培养学生自觉的安全用电的意识和行为习惯。

通过小组活动，培养学生合作、交流的能力，分享学习成果的态度。

鼓励学生利用多种手段、多种途径来获取知识和信息，培养学生收集和处理信息的能力；鼓励学生大胆提出自己的新观点、新方法、新思路，激发他们探究与创新的欲望。

活动准备

通过组织一些丰富多彩的活动，如知识竞赛、图片展等，加强对中小学生的安全用电教育，使他们懂得不用手或导体（如铁丝等金属制品）去接触、探试电源插座内部，不用湿手或湿布去摸碰电器；发现有人触电时，设法及时切断电源，用干燥的木棍等物将触电者与带电物分开，不用手去直接救人等。让学生在轻松愉悦的活动中，学习安全用电、科学用电的方法，掌握安全用电知识。

在综合实践活动实施之初，一般由教师设计撰写活动方案，随着活动的展开，就要指导学生撰写方案、计划。"安全用电与家庭电路"的综合实践活动方案如下：

1. 统计自己家及邻居家所用的电器种类。

2. 调查家庭配电线路结构。

3. 以小组为单位统计所用的电器的种类。

4. 以小组为单位调查安全用电隐患。

5. 充分利用当地的资源，深入工厂调查各类开关。

6. 通过多种途径学习安全用电知识。

7. 通过实验探究为何不能用湿手接触电器。

8. 学生之间交流，成果共享。

9. 各组写出调查报告。

10. 全班集中，各组交流。

11. 总结出安全用电注意事项，给当地政府提出合理化建议。

活动形式

1. 全班同学参加，主持加表演活动。

2. 调查收集资料阶段。

3. 活动形式为小组活动与班级活动相结合。按照计划开展活动，主要活动过程如下。

利用一周的时间，统计自己家及邻居家所用的电器种类，调查家庭配电线路结构；利用一周的时间，以小组为单位统计所用的电器的种类；利用一个月的时间，以小组为单位调查安全用电隐患；利用两节课的时间，学生之间交流，成果共享。

如果该课题放在综合实践活动之初，在活动内容方面，可以范围窄一些，问题更具体一些，例如限制在如下三方面。

（1）调查家庭配电线路结构是单回路，还是多回路。旧的配电线路，负载功率小，所有插座和灯具均接在同一回路中，称为单回路配电线路，在建筑工程图中常用如图这种简单的配电线路，常明敷在墙面上。

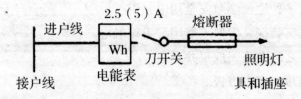

目前各种家用电器大量涌入家庭，负载功率大增，单回路小负载

功率配电线路已不合实用。现已采用较大负载功率的多回路配电线路，如下图所示。下图中有两个分支回路，一个分支回路供照明用电，由一个断路器单独控制；另一个分支回路供插座用电。接插座的用电设备发生故障，不会影响照明用电。还有的空调机和洗手间插座分别单独成一回路，形成多回路（四回路或更多）配电线路，所有户内配电线路已不再采用明敷，而采用钢管或塑料管在墙、地、天花板内暗敷。

可以让学生调查了解自己家里以及邻居、亲友家里的电路属于哪一种。

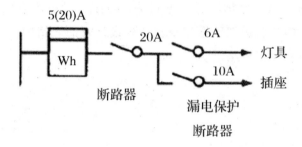

（2）调查家庭配电线路中的电能表、控制电器和保护电器。现在家庭电路中用的电能表大体上有三种型式：一是传统的感应式电能表；二是预付费电能表；三是电子式电能表。

控制电器和保护电器有老式的闸刀开关和熔断器（俗称保险盒），还有新式的小型断路器（空气开关）和漏电保护器。

对以上两项调查还可以做些分析，分析新旧的比例，以及城乡的差异。

（3）充分利用当地资源深入工厂调查生产的各类开关。各地大小开关厂有许许多多，有生产大型开关的，也有生产小型断路器和漏电保护器的。从调查中可以了解各种开关的结构和原理，从而了解物理知识在其中的应用。

4. 通过多种途径学习安全用电知识阶段。

通过教师讲解、查阅图书资料、上网查询、请教专家、请教电工师傅等途径学习安全用电知识。初步了解：家庭电路的组成，其中包括电能表，控制电器和保护电器，保护措施，如闸刀开关和断路器（空气开关）、熔断器（保险盒）、漏电保护器；保护接地措施的应用及其作用。

5. 探究阶段。通过实验，探究为何不能用湿手接触电器。

我们可以通过万用表、装有水的茶杯来进行实验探究，首先将万用表拨到 $R \times 10k$ 挡，测你手指的电阻（两表笔相距 3 厘米）；然后将手指沾水浸湿，稍微擦拭以后，再测手指电阻；最后用万用表测茶杯中水的电阻。边实验边把数据记录在事先设计好的表格中。实验完毕，对数据进行分析，得出结论。

活动过程

一、活动程序

1. 中队长：各小队整队，报告人数。

2. 中队长向辅导员报告：全体立正，稍息。报告辅导员二·二中队应到 45 人，实到 45 人，我们将开展"安全用电"主题队会，请允许我们开展活动。

辅导员：接受你的报告，允许你们开展活动，并预祝你们的活动圆满成功。

3. 中队长：全体立正。二·二中队"安全用电小标兵"主题队会现在开始。

4. 出旗、敬礼、奏乐、唱队歌（指挥）。

5. 唱班歌（指挥）。

6. 主持人甲：请中队长讲话。

中队长：亲爱的同学们，随着生活水平的不断提高，生活中用电的地方越来越多了。今天我们就将在这里共同学习和讨论关于用电安全方面的问题。

7. 主持人甲：全体坐下。

二、活动过程

1. 主持人甲：我们都知道电是一种看不见的物质。它给我们带来了光明，还带来了很多的方便，是生活中不可缺少的能源，我们看的电视机，听的录音机，用的电饭锅、电炒锅，还有电冰箱和电扇空调等等都离不开电，但是如果我们不注意安全的话，电也会给我们带来意想不到的危险，甚至会危及我们的生命。请欣赏小品：这个时候你该怎么办。

地点：小虎家里。

人物：小虎、小明、小辉。

小虎：今天是星期天，小明和小辉要来我们家玩，我得先准备好吃的东西。先准备水果吧（旁白：拿出苹果，打开水龙头仔细地清洗了起来，正在这个时候，门铃响了起来。）哎呀，肯定是小明和小辉到了。欢迎你们来我家玩，快进来吧！（端出水果来）这是我刚洗好的苹果，请你们吃。

小明：谢谢你，小虎。打开电视看看吧，今天是星期天，少儿频道有好多精彩的节目，可千万别错过了啊。

小辉：是啊是啊！赶快打开看看吧。

（旁白：于是小虎就跑去打开电视，可是电视打开了却没有画面。）

小辉：咦？怎么回事啊？怎么电视还没有开啊？

小虎：我开了啊，不知道怎么回事，没有反应。

小明：哎呀，是不是插头没有插好啊？（旁白：开始检查插头电源。）

小虎：呀！原来真的是插头没有插好呢！嘿嘿。再插好就可以看电视咯。（旁白：刚刚洗完苹果还没有擦干净的手去插插头。）

小虎：啊！！！（小虎倒在地上）

小明、小辉：怎么了？

小辉：糟了，小虎触电了。（旁白：小明顿时慌了神，急忙用手去拉小虎，结

果和小虎粘在一起了）

小明：救命啊！（旁白：小辉忽然看见门后面有一根干木条，他急中生智，用干木条将插头拨开，他赶紧找到了电源开关拉下闸阀切断了电源，其他两个人终于获救了。）

小明、小虎：真是多亏了你啊！要不然我们就惨了。谢谢你。小辉。

小辉：不用谢，遇到危险大家相互救助是应该的。

（三人敬礼退场）

2. 主持人乙：同学们，看完了这个小品以后你想到了什么呢？

同学1：使用家用电器是有危险的，特别是没有大人在的时候更危险。

同学2：不能用湿手去插插头。

同学3：别人触电了不能用手去拉，应该要先想办法切断电源。

同学4：用干燥的木棍等物将触电者与带电的电器分开。

同学5：如果我们自己不会的话，马上呼喊成年人相助。（旁白：还想到了让别人帮忙，真不错。）

3. 主持人甲：同学们说得非常好，那我们在以后的生活中一定要注意，避免发生小品中的危险。接下来请欣赏几位同学为大家带来的关于用电安全的小快板。

唉——唉——唉！

全体：我有一段小快板说给大家听。

女：听了要记住，对你们有好处。

男：快板讲的就是"电老虎"。

女：电老虎！

男：电老虎！

女：电老虎有脾气，稍不注意就发脾气。

男：家用电器危险大，使用更要多小心。

女：湿手不摸带电物，湿手不插电插头。

男：家用电器要干洗，雨水打湿要干擦。

女：不要私自接电线，陈旧电器不能用。

男：掌握老虎的脾气，使用电器才安全。

合：小朋友，要牢记。使用电器不疏忽，不大意。安全用电记心间。

4. 主持人甲：同学们说他们表演得好不好？

主持人乙：那咱们就来进行一轮抢答赛，看看你们都从同学们的表演里学到了什么。（提问抢答环节）

（1）被雨水打湿的家用电器使用前应该怎样做？

答：用干的布或毛巾擦干。

（2）家用电器使用之前要做什么？

答：使用之前要检查是不是漏电。

（3）小朋友在家里能不能自己接电线啊？

答：不能。

（4）如果手上沾了水，要接触带电的电器时应该怎么做？

答：应该先把手上的水用毛巾擦干。

（5）当发现有人触电时，可以用手去接触吗？

答：不能，要想办法切断电源。

（6）我们能不能随意拆卸、安装电源线路、插座、插头等？

答：不能。必须要先关断电源，并在家长的指导下进行。

5. 主持人乙：看来，同学们的收获不

小啊！让我们用热烈的掌声感谢他们给我们带来这么精彩的快板表演。

主持人甲：咱们的同学真是个个身怀绝技啊。有表演小品的，有表演小快板的，大家表演得都很好，为了奖励大家，我请大家欣赏舞蹈《苗家儿女庆丰收》。

6. 主持人乙：同学们能好好地坐在这里看演出，你觉得好吗？但是如果发生安全事故，你躺在病床上，或者缺胳膊少腿了，你会觉得看什么都不舒服。所以安全太重要了。

主持人甲：由于缺乏用电知识造成了不少事故。下面我们就一起看一段小影片吧！

主持人乙：好了，同学们，听完他们的故事以后你又从中学习到了什么呢？

同学回答：

甲：尽量远离高压线，不在附近玩耍。

乙：当电线掉落地面，不能用手去捡，并通知大人然后远离这个地方。

丙：不私自乱接乱拉电线。

7. 主持人甲：同学们可真棒，知道这么多关于用电方面的小常识。下面带大家一起来认识一些电力的标志吧。

主持人乙：同学们，这些标志现在你知道了吗？真的吗？我不信，要考考大家，看谁记得最牢。（抢答）

主持人乙：同学们认识了这些标志，以后再碰到这些标志时就一定要注意哪些该做，哪些不该做了。

8. 主持人甲：那就让我们一起记住这首安全用电的儿歌吧。

9. 主持人乙：同学们，通过今天的活动你学到了些什么？

三、队会结束程序

主持人乙：下面请辅导员讲话。

辅导员：同学们，今天我们举行的"安全用电"主题队会非常成

功。大家从中增长了不少安全用电的知识，我们不但自己知道了，还要向身边的人，爸爸妈妈、亲戚朋友多宣传：注意安全用电，千万不能对"电老虎"掉以轻心。所谓小心一下子，安全一辈子。

呼号：准备着为共产主义事业而奋斗。

队员：时刻准备着。

主持人乙：退旗，敬礼，奏乐。

主持人：亲爱的同学们，本次活动圆满结束。

总结交流

1. 各组写出实验报告和调查报告。

2. 全班集中，各组交流。

3. 总结出安全用电注意事项，给当地政府提出合理化建议。

4. 把安全用电注意事项印成宣传材料发放给当地同学，并且为学校出一期宣传"安全用电"的板报。

收获与体会

这次活动，较好地达成了预期的目标，同学们的收获很大，主要表现在：

首先，学生们在活动中通过主动的探索，系统地了解了"家庭电路与安全用电"的知识，还培养了学生探索科学知识的兴趣。

其次，通过活动，同学们亲历了查阅文献，上网查询和实地调查，以及数据整理和统计等工作，培养了学生们开展科学研究和从事社会实践活动的能力，提高了学生们从事科技实践活动的兴趣。

最后，通过这次活动让同学们更深刻地了解了"安全用电"问题的重要性。活动总结时让同学们谈谈体会，同学们纷纷说：一定要把安全用电问题放在首位，不仅自己注意，而且要做好宣传工作，为提高全民的安全用电意识做出自己的贡献。

活动反思

　　把综合实践活动规定为基础教育的必修课，这是一个"新事物"。如何认识、对待和开展综合实践活动课程，直接关系到新课程的实施质量。

　　我们一定要把综合实践活动课程和学科课程区别开来。综合实践活动并不着眼于使学生获取系统知识，不是追求严密的知识体系，它立足于学生的自身生活和社会实践，让学生利用已有的知识和经验从事有益的活动，研究和解决问题。

　　在上述活动中，教师始终以一个平等的参与者、交流者的身份加以引导。这种课程形态的核心是要改变学生的学习方式，强调一种主动探究式的学习，是培养学生创新精神和实践能力、推行素质教育的一种新的尝试和实践。

综合练习

一、填空题

1. 按照规定，为便于识别，防止误操作，确保运行和检修人员的安全，采用不同颜色来区别设备特征。如电母线，A 相为（　　　），B 相为（　　　），C 相为红色，明敷的接地线涂为（　　　）。

2. 在二次系统中，交流电压回路用（　　　），交流电流回路用（　　　），信号和警告回路用（　　　）。

3. 任何情况下严禁用铜、铁丝代替保险丝。保险丝的大小一定要与（　　　）匹配。

4. 对于接触人体的家用电器，如电热毯、电油帽、电热足鞋等，使用前应（　　　），确实无漏电后才接触人体。

5. 握测电笔时，用手指按住测电笔的（　　　），其余手指握住笔身即可。

6. 在日常工作和生活中（三相四线制），低压用电设备的开关、插头和灯头以及电动机、电熨斗洗衣机等家用电器，如果其（　　　）损坏，带电部分裸露而使外壳、外皮带电，当人体碰触这些设备时，就会发生（　　　）情况。

7. 触电事故分为两类：一类叫"（　　　）"；另一类叫"（　　　）"。

8. 人体触电的基本方式有（　　　）、（　　　）、（　　　）、（　　　）。此外，还有人体接近高压电和雷击触电等。

9. 电弧烧伤，也叫电灼伤，它是最（　　　）也是最（　　　）的一种电伤，多由电流的热效应引起，具体症状是皮肤发红、起泡，甚至皮肉组织被破坏或烧焦。

10. 发生两相触电时，电流由一根导线通过人体流至另一根导线，作用于人体上的电压等于线电压，若线电压为 380 伏，则流过人体的电流高达（　　）毫安，这样大的电流只要经过（　　）秒就可能致触电者死亡。

11. 当人发生触电后，首先要使触电者脱离（　　），这是对触电者进行急救的关键。但在触电者未脱离电源前急救人员不准用（　　）直接拉触电者，以防急救人员触电。

12. 确认心跳停止时，应立即进行（　　）复苏或（　　）的人工呼吸和心脏胸外挤压，直至呼吸和心跳恢复为止。

13. 做人工呼吸法之前千万不要打（　　）针。因为触电者的心脏是纤颤的（即剧烈收缩），而强心针是刺激心脏收缩的药物，若替触电者打（　　）针，是加速其心脏收缩，无异火上加油，加速死亡。

14. 当人遭受雷击时，由于雷电流将使心脏除极，脑部产生过性（　　）和（　　）。因此受雷击者心跳、呼吸均停止时，应进行心肺复苏急救，否则将发生缺氧性心跳停止而死亡。不能因为雷击者的瞳孔已放大，而不坚持用心复苏进行急救。

二、问答题

1. 熟悉家庭安全用电常识。

2. 触电的伤害有哪些?

3. 触电的判断是什么?

4. 触电脱离电源的方法有哪些?

5. 触电的急救原则是什么?